生き残りを賭けた
工務店の物流革命

植村 尚

井上書院

生き残りを賭けた工務店の物流革命——目次

プロローグ

〝智に働けば角が立つ。情に棹させば流される。意地を通せば窮屈だ。兎角に人の世は住みにくい。〟文豪夏目漱石の傑作の一つ『草枕』の冒頭の言葉です。今の世にもぴったりです。この作品が発表されたのは一九〇六年ですから、一〇〇年近く経つのに今でも生々しい表現です。この一〇〇年間の変化は目を見張る思いなのに、現在も共感を覚えるとは、人間の本性は変わらないもののようです。

さらに〝世に住むこと二〇年にして、住むに甲斐ある世と知った。二五年にして明暗は表裏の如く、日のあたる所には屹度影がさすと悟った。三〇の今日にはこう思うている。――喜びの深きとき憂いいよいよ深く、楽しみの大いなるほど苦しみも大きい。これを切り放そうとすると身が持てぬ。片づけようとすれば世が立たぬ〟とも喝破しています。漱石は一八六七年生まれですから、この作品は三九歳の作、まことに忸怩たるものがあります。

私は前著『生き残る工務店・つぶれる工務店』（一九九八年一月・井上書院）で「天地自然の法則」の存在を提唱しました。神仏を信じるかどうかは無関係に、この世の中の一切は、何か目に見えない絶対的存在の摂理の下にあり、その審判を常に受けているのではないか、無信仰者の私は「天地自然の法則」と名付けてこれを提唱したのでした。

この二年間は、誰もが予測できない変動の連続でした。銀行の統合ひとつをとっても、予想を超える連続でした。興銀・第一勧銀・富士の大統合、住友とさくら、東海とあさひ、と続きました。未だ動きは止まっていません。一般企業も激変の真っ最中です。海外からの進出も後を絶ちません。

二年前までの系列、財閥は歴史に名前を止めるだけです。しかもこの間に、ＩＴ革命なる怪物が世界中を駆けめぐりました。どこの企業も莫大な情報化投資を必要とし、そのための適正規模になるまで、企業統合は進むでしょう。全産業が好むかどうかは問題でなく、二極化の方向に進むことは間違いありません。

私は前著で、人間を幸せにする手段として企業がある、と書きました。戦中派の私は、情報統制の恐ろしさを身をもって体験しました。ＩＴ革命は情報技術の革命であり、情報自由化の先兵です。

一時的には、弱肉強食にも見える現象が見られるかも知れません。その現象を利用して、現体制を守ろうとする一部の権力が猛烈な抵抗を見せるかも知れません。でも時流という大きな流れが、邪魔者を洗い流すでしょう。

この二年間で住宅建築も安全性、劣化の軽減、大気や環境の汚染、高齢者への配慮等で、《質の良い家とは》の評価基準も示されるようになりました。安かろう良かろう、の家の中身が真剣に論じられています。建設省も生活者優先を明白に打ち出しました。

二一世紀は、生活者の住生活が幸せにおくれるようにと真面目にお手伝いする住宅関連企業のみが生き残れる世紀になるでしょう。メーカー、流通業を含む住宅産業システムも当然らち外ではあり得ません。本書ではその方向、具体策を大胆に提言したいと思います。再編成が成功した明日には、誰が見ても納得できる家並みが見られると信じています。

ただ夏目漱石が一〇〇年前に述懐したように、幸せと苦とは常に背中合せのようです。それが人生と言うものかも知れませんが、「天地自然の法則」は常に厳正な審判を下します。

Ⅰ

二一世紀に生き残る住宅の条件

良質な住宅を適正価格で提供する時代

●質の良い住宅とは

平成一一年二月、建設省は平成一二年四月からの「住宅の品質確保の促進等に関する法律」（略称・住宅品質確保法）の施行を前に、同法による住宅性能表示制度に関連して、その技術的水準となる「日本住宅性能表示基準（素案）」を公表しました。

その内容は、構造の安定、火災時の安全、劣化の軽減、維持管理への配慮、温熱環境、空気環境、光、視環境、音環境、高齢者等への配慮などに関する評価方法基準（いずれも素案）の個別性能項目が分類されています。その他、検査方法関係の評価方法も基準が示されていますす。インターネットにより、建設省のホームページで詳細を見ることができます。詳しくはこの素案を参照していただくとして、〈質の良い家とは〉の技術的な最低ラインを示した、と言えましょう。

住宅性能に関しては、住む人の感性、例えば音の大きさ一つとっても、神経質に気にする人とそうでもない人など、ひとつの現象でも受取り方が異なります。また、瑕疵《かし》担保責任として一〇年間の義務づけも、竣工後、引渡し時からです。住んで何年か経って、段々と気になってきた、でも瑕疵というほどでもない、厳密に言えば不満足な部分はどうなるのかといった問題は残っています。とは言っても、誰もが認める質の良い家とはの問いに、一応の基準が出たと受け止めてよいでしょう。ただし法律とは、最低基準を定めているものであって、法律を犯していないから正しい、と言えるものではないことを強調しておきます。

●適正な価格とは

〈質の良い〉と同じく難しいテーマです。技術水準、仕様、材質、仕入れ価格、どれも企業によって微妙に違います。特に住宅は価格が安ければよい、とは決して言えません。突き詰めて考えると、企業によって、〈適正価格〉も違って当たり前とも言えます。

ここはひとつ、わが社の坪単価五〇万円の家の「標準仕様」を示す以外に基準はない、と言えるのではないでしょうか。五五万円なら、四五万円なら、ここがこのように変わります、と納得のいく説明ができるなら、それがわが社の適正価格になるわけです。

現実は、どこがどう変わって坪単価が変わったのか、お客も業者もはっきりせぬまま価格が上下しているのではありませんか。同じ設計図で五社に見積らせると、五通りの金額が出てくる、何とも不思議な世界です。坪二〇万円台なんて広告を見ると、他の企業はよほどもうけているように見られてしまうのが現実です。「標準仕様」の普及と生活者教育はどうしても必要です。

経営管理的には、適正利益はいくら必要かといった計算はできます。でもそれは、いわば目標利益、標準利益です。

ただ、今まではこの目標利益に工事原価、諸経費を上乗せして契約価格を決めることができましたが、現在はそれでは通りません。まず、お客さんが納得して買って下さる価格が最優先します。その価格から、目標利益を差し引いた残りが、総原価の許容範囲となる時代です。

お客を納得させる技術を発揮してつくられる建築物、企業姿勢、接客態度、法律税務を含むあらゆるコンサルティング、アフターサービスのトータルが価格であって、その価格が適正かどうかを決めるのは生活者なのです。

常にお客のほうを向いて商売しているかが問われており、間違っても自社の利益を優先して商売をすることは許されない時代です。しかもこの考え方は、日を追って強くなります。

●コストダウン方法の徹底的な追求

日本の住宅価格は、世界水準に比べて高いことには定評があります。ところが、過去五〇年間を振り返って、コストを下げる努力の跡もあまり見られません。高度成長経済に支えられて、コストアップは住宅価格の上昇に吸収されてきました。まったく幸運だったと言うべきでしょう。

私は、Ⅲ章に述べている「マネジメントセンター」を設立して、その運営を図る以外に実効の挙がるコストダウンの方法はないと思っています。無駄の排除には総力を挙げなければなりません。待ったなしです。

環境共生と省エネルギー

●大気汚染と地球の温暖化

大気中には、二酸化炭素、メタン、水蒸気などの「温室効果ガス」が含まれており、これらのガス効果により、人間や動植物にとって住みよい大気温度が保たれてきました。それが、人間活動の進歩に伴って、二酸化炭素やメタン等の温室効果ガスが大量に大気中に排出されるようになり、地球が温暖化するおそれが生じたわけです。『環境白書』によると、一九世紀以降、全球平均地上温度が〇・三度～〇・六度上昇した、としています。水資源、農業、森林、生態系、沿岸区域、エネルギー、健康などの分野で、温暖化がさまざまな悪影響を及ぼすと予測されています。

大気中の寿命が長い二酸化炭素、温暖化に歯止めをかけるためには、二酸化炭素の排出につながるエネルギー消費量を減らすことが急務です。しかし、わが国では住宅、建築等で消費するる民生用エネルギーの伸びが著しく、生活レベルの向上に伴って、このまま放置すれば今後も需要の伸びが見込まれています。

一方、エネルギー資源の大半を輸入に依存しているわが国にとって、エネルギーの有効利用と省エネルギー対策を強力に進める必要が急務となっています。特に住宅では、個人生活に負う部分も大きく、

- 冷暖房温度の引き上げ、引き下げ努力
- 電気製品の使用時間の短縮とこまめなスイッチオフ
- 白熱電球から蛍光灯への付け替え
- 冷蔵庫、風呂、洗濯機、掃除機、電気こたつの効果的な使用
- 省エネ家計簿、環境家計簿の普及

等があげられています。
※個人生活に負う部分の項は、須賀工業(株)三木秀樹氏の日空衛第五回全国会議C分科会「地球環境問題と建築設備の

関わり」ホームページを参考にしました。

石原東京都知事が、ディーゼル車規制を発表して自動車業界、マスコミを騒がせたのも記憶に新しいところです。

鉄鋼、セメント、ガラス等の建築材料は、その製造過程においてすでにおびただしい二酸化炭素を排出していることは周知の事実です。

平成一一年五月四日、日本経済新聞は社説で〈木造住宅の良さ、もっと見直そう〉と訴えました。少し長くなりますが、その要旨を紹介しましょう。

「戦後の経済成長を支えた工業化のうねりの中で、原材料としての木材は、鉄やアルミ、プラスチックなどに急速に置き換えられてしまった。燃料としての木材も石油にとって代わられ、経済の物差しでみた木材の価値は大幅に低下してしまった。それに追い打ちをかけるように、割安の輸入木材が国産材を締め出した。

人工的につくられた化学物質を多用した住宅で、ぜん息やアトピー性皮膚炎などが多発し、木造住宅の良さが改めて見直されてきたことなどが指摘できる。最大の理由は、森や樹木が二酸化炭素の貴重な吸収源であることが認識されてきたことであろう。

二一世紀最大の環境破壊は、地球の温暖化だといわれる。最大の排出量は、石油などの化石燃料の消費である。

林業白書の推定によると、日本の森は、年間二酸化炭素を炭素換算で二七〇〇万トン程度吸収している。経済活動などで排出される量の約八パーセントを吸収していることになる。

一方、日本の森がストックとして蓄積している二酸化炭素量は一四億トン近くに達する。日本の木造住宅が固定化している量は約一割の一億五〇〇〇万トン程度である。森を二酸化炭素の缶詰と見立てれば、木造住宅をつくることは、森を都市につくることにほかならない。木造住宅が不人気な理由としては、台風や地震に弱い、燃えやすく腐りやすい、シロアリなどの被害を受けやすいなどが指摘されている。最近では、工法上、台風や地震に強く設計されている。木質を強化させ、長持ちさせるための加工技術も大幅に向上している。シックハウス症候群なども無縁だ。

スギなどの樹木は、植樹後一五年から二〇年あたりから、幹がどんどん太くなる。例えば、一〇〇年目にスギを伐採し、新しくスギの苗木を植える。一方、伐採したスギで一〇〇年持つ住宅をつくる。

そうすれば、一〇〇年かけて二酸化炭素を固定化したスギは、さらに一〇〇年住宅の部材の形で二酸化炭素を固定化し続ける。その間、新しく植樹したスギが新たに二酸化炭素を固定化していく。これからは森の循環のなかに、木造住宅を位置づけ、森の再生と国産材の活用をリンクさせることが、持続可能な日本の二一世紀のために必要だ」。

植林と一〇〇年住宅の循環を主張する素晴らしい社説だと思います。そうなんです。大気汚染につながる材料をはじめから使わない発想と工夫が必要です。

●自然エネルギーと自然素材の利用

私どもの子供時代には、アトピー性皮膚炎や花粉症なんて聞いたこともありません。ぜん息はたまにはありましたが、少なくとも家具家財を原因とするアレルギー症状ではなかったと思います。

今、ソーラーシステムが普及しつつあります。換気を自然に（厳密には機械的かも知れませんが）行って自然の空気を循環させようとするシステムです。夏涼しく、冬暖かいと定評があります。それに急速に注目を浴びているのが太陽光発電。岩国市のヨハネ建設さんの実例を紹介していますので詳しくはそちらでお読み下さい。太陽光発電のほかに、太陽熱利用給湯設備も新幹線沿線だけでも結構目にします。

青森県竜飛岬に風力発電装置が回っている風景をテレビで何回か見ました。家庭用に利用するには、現在のところはコストが合わないと聞き視察に行くことを断念しました。この原稿執

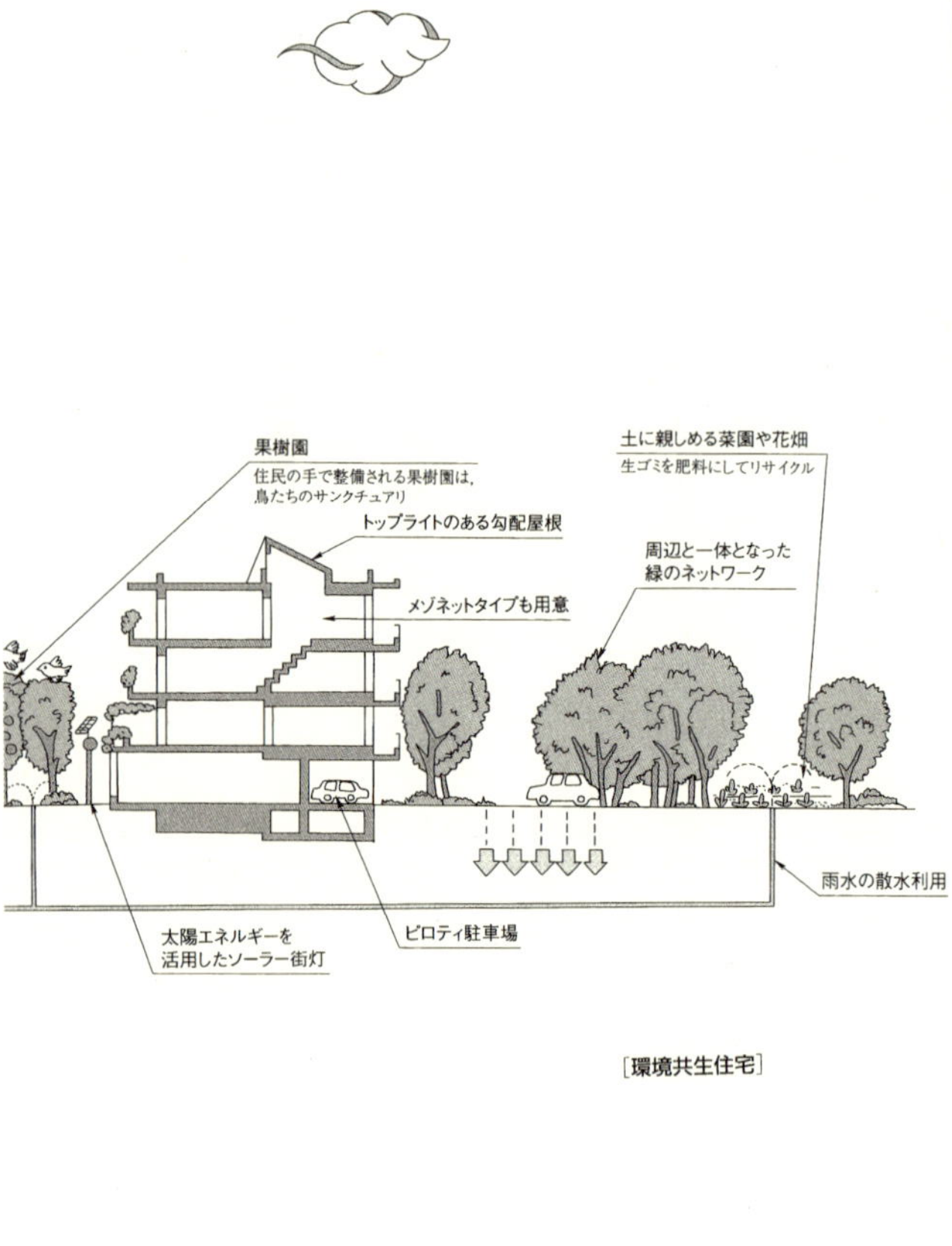

［環境共生住宅］

埼玉県住宅供給社パンフレットより

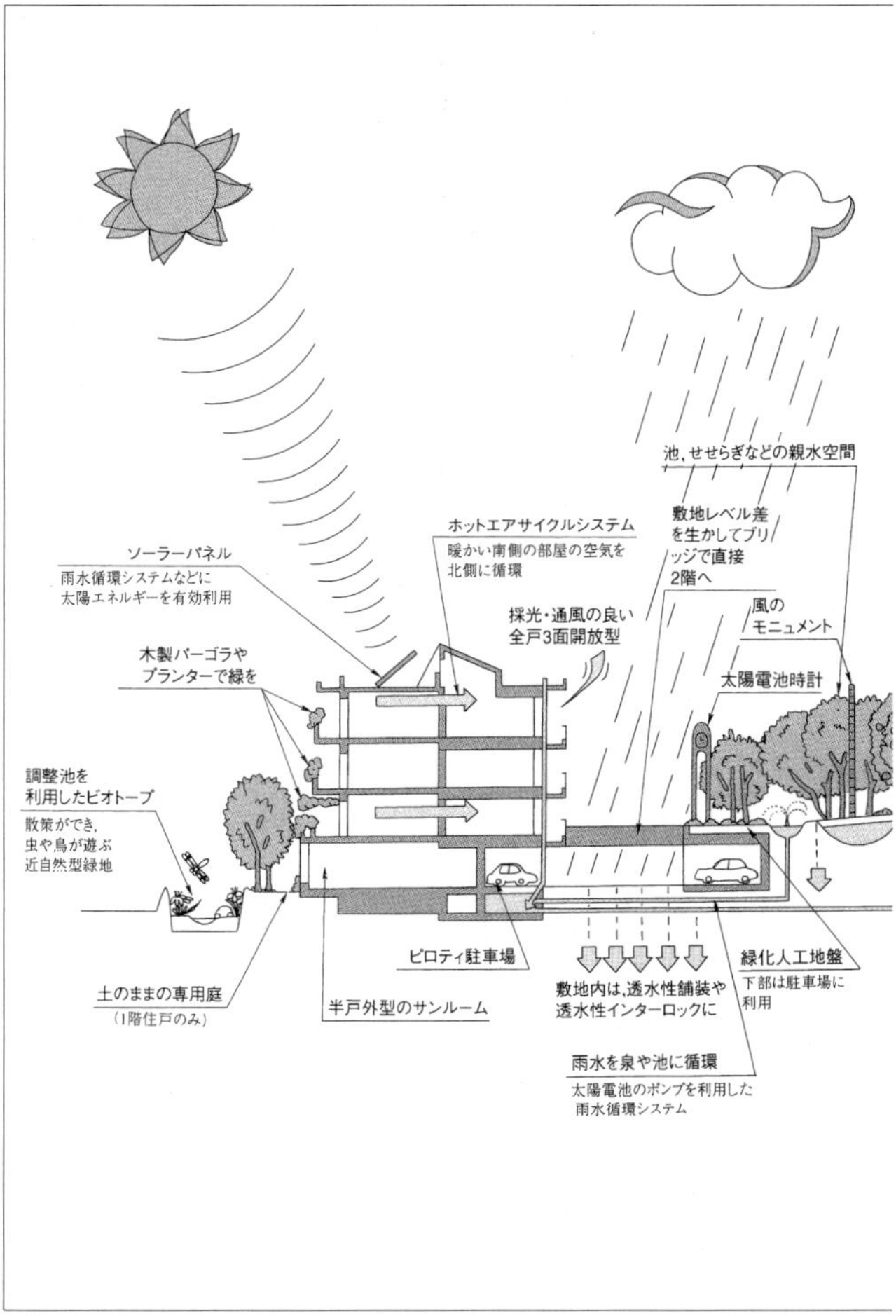

『住宅・不動産用語辞典』（井上書院）より転載

筆時には、有珠山の噴火の行方は未だ見えていません。日本には、国内で稼働している原子力発電所全体の約二倍の出力に相当する地熱が、温泉地の洗濯や温泉たまごに利用されている程度で、ほとんど手つかずのまま利用されていません。わが国にとって、未開発の自然エネルギーです。

高断熱・高気密を売り物にする家も増えています。室温を損なわない熱交換式の換気システムがあると聞いています。初めてわが家にエアコンを入れたときの快適さ、ぐっすり眠れた夜のことは忘れられません。でもその時から、省エネの問題は始まったのです。

●自然からの恵みは自然に返そう

昨年一二月に四〇年来の知人（工務店会長）から〝今後は年賀状を欠礼するからあなたの年賀状も心の念波で……〟Ａ４判四ページにびっしり書かれた挨拶状が届きました。平素の交流から、大まじめにこの文書を作成されたことはよく理解できます。

環境問題、地球温暖化、資源問題等からみて、〝人間として、子や孫達に地獄の苦しみを味わわせないよう〟に無駄なものの代表である年賀状をやめよう、とおっしゃるのです。九八年度の年賀状の売上高は二三〇〇億円に達したとか。郵政省の総売上高は二兆一四〇三億円で、九〇〇億円の赤字だと追求しておられます。その中に注目するべきデータを書いておられます。

●一年間の古紙の生産高は七五一一立方メートルで、四〇坪の住宅一八六万五〇〇〇戸分

●年賀ハガキは、四〇坪の住宅六〇〇戸分

の木材量になると言うのです。そして、一年分の年賀ハガキの総量は、一〇トントラック二二六台分、さらにバイクとトラックで全国に宅配すれば、かなりの二酸化炭素の拡散になり、われわれの日頃のアイドリングストップが吹っ飛んでしまう、と憤慨しておられます。

さらに会社としては、

●コピー紙はすべて再生紙で、原則両面利用

●社内文書は使用済みの裏紙の再利用

●家族を含めて割り箸不使用

●アイドリングストップの徹底

を宣言しておられます。〝これらは金額にすれば微々たるものです。しかし、紙を両面使用すれば、その使用量は半分になります。それは製紙するためのエネルギーを減らすことになります。その前後の輸送費、再生費用、廃棄処理費等を考えれば、さらに半分以上の省エネになります〟と切々と訴えておられます。

最近は年賀状だけのお付き合いが多くなりました。私ども夫婦でも、できるだけ欠礼を多くしても六〇〇枚をきることができません。クリスマスカードの交換も同じ問題です。世界的に見れば莫大な資源の浪費をしているのかも知れません。正論であるだけに難しいテーマをぶつけられました。年末までに私なりの結論を出そうとは思っていますが難しいことです。

別の視点からは、工務店さんのコストダウンは、こうした小さな努力の積み重ねなのだ、と衿を正す思いがしました。

大気環境、水環境、土壌環境、地盤環境と、生涯自然の恵みを受けて生きています。せめて個人生活だけでも環境保全に協力し、努力するのは当然の義務だと思います。産業廃棄物の処理は、明らかに原因をつくったメーカーの責任です。しこたまもうけさせて頂いて、その残りカスの処分に税金を使うのは筋が通りません。厚かましいというものです。

すべての生物は死ねば土に返ります。最近は、骨は海にまいて欲しい、山にまいて欲しいといった声を聞きます。本人が望むようにしてあげればよいじゃありませんか。いずれにしても、自然に返るのです。

住宅も自然に返れない材料、廃棄処分時に環境を破壊するガスその他の有害物質を出す、こうした材料は使うべきでないと主張します。瀬戸内海の島に産業廃棄物が捨てられている、とニュースに流れています。無法に捨てた業者は当然厳しく罰せられるべきですが、私は廃棄を依頼した企業、商品を製造した企業も共犯だと思っています。少なくとも道義的な責任は逃れられません。

環境庁ではいろいろと環境対策を研究し、次々と施策を実施しています。でもそれはいわば緊急避難対策であって、環境庁だけでの解決は不可能です。政財界あげてもっと基本に戻って真剣に取り組むべき問題です。

子や孫の世代に大変な問題を残すおそれをつくったのが、この五〇年間日本経済を支えた重厚長大の産業です。相変わらずの土建予算を中止して、後始末としての環境対策に国家予算を向けて欲しいものです。

エコビジネスとは環境関連産業のことですが、環境庁の分類では、公害防止装置や省エネ技術などの環境負荷を低減させる装置に関わる産業、低公害車やリサイクル製品、家庭での省エネ機器などの環境への負荷の少ない製品に関わる産業、コンサルタントやリサイクル事業など社会基盤整備に関する産業、とあります。環境庁の試算では、九〇年時点でのエコビジネスの市場規模は約六兆円、二〇〇〇年までの同市場の年平均成長率は約八パーセントと推計されています。

別項で紹介した日経新聞の〈木造住宅の良さ、もっと見直そう〉の社説、前著書で解説した建設省の「木造住宅総合対策事業」、中小企業庁の中小建築工事業経営合理化施策への政令指定業種決定と、周囲は暖かい目で住宅産業界の合理化、近代化を見守っています。

問題は、旧態依然の工務店、木材店等の流通業、造った物を売れと強要するメーカー等の姿勢であり、遅すぎる脱皮へのスピードです。

地盤の再検討

住宅産業にとって建て替えが本命になっている今日、今まで建っていた土地に建て直すのだから、と安易に考えすぎてはいないでしょうか。

昔の地図では、首都圏、名古屋圏、大阪圏、みんな海の中です。いろいろの理由で土が堆積して平野になったものが大部分です。バブル経済時代には、目の前で沼や池を埋め立てて造った土地に団地ができた例も珍しくもありませんでした。

四月から施行された住宅品質確保促進法では、新築住宅の一〇年間の瑕疵保証を義務づけていることはご承知の通りです。建て替えを契機に、ぜひ地盤調査をやり直しておいて下さい。費用の問題も趣旨、目的を素直に話し合えば、お施主も理解して下さると思います。どんなに立派な家であっても、五年後に不同沈下の現象が発生して困るのはお客さんです。全国を回ってみて、工務店さんのこの問題に対する案外の無関心さが気にかかります。なかには、地盤調査と改良費用を負担させられて結局値引きになる、と正直な声も聞きます。阪神淡路大震災は、生活者の安全意識を変えています。この問題を避けては通れません。

日本建築学会では、小規模建築用の地盤調査法として、スウェーデン式サウンディング試験を推奨しています。この試験機は二〇万円〜三〇万円程度であり、二時間程度の練習で誰でも操作できるようになるとのことです。

最近は、地盤調査に関する専門書もたくさんでています。内容も私ども素人にも理解できるように書かれています。

万一、不良地盤の上に建築してクレームがでた場合には、全面的に建築業者の負担で修復しなければならない時代だけに、万全の態勢が必要です。

なお事故の際、財団法人住宅保証機構が運営している住宅性能保証制度「瑕疵保証円滑化基金」に加入しておけば、八〇パーセントの保険金が受け取れ、さらに(株)地盤保証協会が地盤調査しているもので、基礎の不同沈下があれば、残りの二〇パーセントの修復費も保証してくれる制度もあります。

リバースモーゲージ

高齢者が自宅に居住しつつ、その土地や建物を担保として融資を受け、生活資金を年金的に受け取り、契約終了時（高齢者の死亡時）に担保不動産を処分して返済する制度です。民間では信託銀行が扱っています。

今後、公営住宅や高齢者福祉施設としてリフォームすることが考えられます。特に地価が高い都心部で有効と見られています。

今年四月から施行された住宅の品質確保法は、新築時からの一〇年間の瑕疵保証です。もう一歩進めて、リバースモーゲージの家の一〇年、二〇年後の保証はできないものでしょうか。非常に難しい多くの問題点が存在することは承知のうえで書いています。特に新築住宅の建築が、フローからストック住宅に移行している今日、今後の住宅施策の重要テーマだと思います。

住宅流通網の整備

借家からマンションへ、マンションから持ち家へ、といった住み替え需要はこれからも続きます。二月頃でしたか、家内が妙にマンションに興味をもって新聞広告等で何箇所か歩いたようです。そのときに正直に住所姓名を書いてきたらしく、某有名不動産会社から都内に建築中マンションの猛烈なDM攻勢を受けています。この原稿執筆中にも、毎日最低五通はきていいます。ご丁寧に二回も見に行ったらしいところからは、電話が何回もかかってきます。立派な写真、いかにも興味をそそりそうな宣伝文、一通いくら掛かっているの、と聞きたくなる豪勢な封筒、考えてみればこれらはすべてそのマンションの原価に算入されているはずです。マンションの売行きがよい、と新聞には書かれていますが、とにかくすごい宣伝費を使っていることだけは間違いなさそうです。

いったい、特に中古住宅の流通網はどうなっているのでしょうか。町の不動産仲介業の店先には、相変わらずビラがいっぱい張ってあります。家を求める、あるいは探している生活者グループと売りたいグループを結ぶ接点はどこに行けば、あるいはインターネット上でどこを探せばあるのかが見えてきません。

国は持ち家政策を推進してきましたが、借家政策はどうなっているのでしょうか。所有権か、利用権か、の問題をもっと表面に出す時代になっています。持ち家は、一生をローンの担保に入れて手に入れても、価格が上がる時代は過ぎました。土地神話と同じく、持ち家神話も過去のものになりました。将来の資産価値の値上がりを期待しての二時間通勤だったと思います。資産価値が増えることに期待がもてないとなると、都心の借家に住んで朝寝を楽しむほうが人間的だと思いませんか。工務店側からみれば、借家の建築需要となりますが、その前に、貸家情報、中古住宅情報の整備が必要です。

増改築市場と中小工務店

これからも新築住宅の建築戸数は減少を続けます。その最大の理由は、出生人口の減少です。「合計特殊出生率」という資料があります。一人の女性が生涯に何人の子供を産むかの予測指数です。一五歳から四九歳までの女性が産んだ子供数の平均を年齢別に出し、各年齢のそれを足して計算します。これが二・一人程度ないと、その社会の人口は減少するとされています。団塊の世代（昭和二二〜二四年）では四・三人、団塊ジュニア（昭和四六〜四九年）では二・一人、それが平成一〇年では一・四人に減っています。

これからは、大都市で世帯を形成する子供よりも親の世代のほうが多くなります。人口が減れば住宅需要も減っていきます。住み替え需要はありましょうが、誰が新しく家を建てるかとなると、今後は新築着工は減ると覚悟を決めるのが常識的でしょう。お客さんのほうから電話がかかってくることは少なくなるということです。

経済成長は鈍化し、人口移動も止まりつつあります。九四年から首都圏、名古屋圏では社会増が止まり、近畿圏では社会減になっています（社会増減とは、流入人口と流出人口の差です）。

以前のような高度経済成長の時代は去りました。工場を新しく建てて人を大量に採用する時代でもありません。当然転勤も少なく、社宅を準備する必要もありません。ここでも住宅需要の伸びは悲観的です。多くの評論家の意見も一致しています。

でも住宅建設はなくなりません。

衣食住というように、人間が生きている限りは、住宅は絶対に必要です。誰が建てるのでしょうか。すでに家が建っていてそこで生活をしている、でもトイレの修繕が必要だ、台所が使いにくい、雨漏りがする、洗浄式トイレに変えたい等々、いろいろの不平不満があります。具体的には、工務店さんに営繕、修繕、増改築の注文が出ることになります。

そして、あそこも直した、ここにも手を入れた、どうにも気に入らない、使い勝手が悪い、思い切って建て直すか、というようなわけで建て替えにつながるのです。

増改築の延長線上に建て替えがあります。増改築は面倒でやりたくない、でも建て替えは欲しい、そんな虫の良い望みがかなう甘い世の中ではありません。

大手住宅企業は歴史が浅く、増改築や建て替えのストックが少ない、そこで工務店市場に殴り込みをかけてきます。さらに、他業種企業もこの有望市場をねらっています。なにしろ技術者と職人さえ確保できれば何とかなる市場です。迎え撃つ工務店さんも大変です。

いずれにしても、増改築と建て替えに焦点を合わさなければ、元請としては生き残れないことは確かです。建売住宅を造ったり、土地を見つけて家を建てるといったことは大手に任せなさい。そんな暇があれば、過去のお客さん回りをすることです。

潜在需要資料（巻末別表参照）が示す通り、増改築の潜在需要は膨大な金額になります。お店を中心にして半径二キロメートルの範囲内に、全国平均で一四七・九億円、（建て替えを含む）、半径四キロメートルならばこの金額は四倍になります。ただし、お店に座っていても電話がかかってくるわけではありません。何年かかってこの潜在需要を顕在化させるか、の競争です。

でも別に触れていますリフォーム専業会社の実績をみれば、この市場がいかに可能性に満ちているかがご理解いただけるでしょう。

バリアフリー住宅と介護保険利用住宅

バリアフリーとは、高齢者や身障者などハンディキャップのある人々の移動や行動を阻む物的な障害がないことをいいます。近年は特に、少子化とともに高齢化が問題になり、バリアフリー住宅についてもいろいろと提案されるようになりました。都道府県等の自治体でも各種の助成措置が取られていることはご承知と思います。

この度の介護保険制度のスタートによって、二〇万円までの住宅改修に対しても、その費用の九〇パーセントが給付されるなど、住宅建築業界にとってプラス材料が生まれた、といってよいでしょう。多くの場合は、バリアフリー住宅工事と同様、この際にと他の部門の増改築工事や営繕工事が誘発される期待がもてます。

当然のことですが、誰でもどんな工事でもその対象になるわけではありません。

- まず市町村の窓口に申請書を提出して、要介護（支援）の必要性の認定を受けなければなりません。
- 認定が受けられれば、住宅改修費の九〇パーセントの給付を受ける資格ができます（介護サービス月額は介護度により差がありますが、住宅改修費と福祉用具購入費年間一〇万円については、認定を受けるだけで一率です)。

●他の住宅改修と異なるのは、ケアマネジャー（介護支援専門員という国家資格です）との関わりが必要です。介護対象者の症状に応じたケアプランが作成され、そのプラン実施に必要な住宅改修でないと給付の対象にはなりません。

例えば、病院整形外科に所属するリハビリセンターがあります。そこに所属する理学療法士や作業療法士の指導の下に社会復帰のリハビリを受けているわけです。こうした専門家のアドバイスも必要となります。今までになかった新しい人間関係を結ぶ努力が要求されます。

家を建てるときは、四〇代から五〇代前半の働き盛りのときが多いものです。いずれ老人になることは、頭の中では理解できていても実感がわきません。

私事で恐縮ですが、今回家内が大腿骨の骨折をして松葉杖に頼る歩行が数カ月続きます。二階への階段、壁面の手すり、トイレ・浴室の手すり及び滑り止め、段差等の工事を大あわてでして頂きました。介助の申請もしました。誰にでも降りかかってくる可能性のある問題です。新聞等で介護保険のことは常識的には理解しているつもりでしたが、あわてているのが正直な実感です。

二〇年前のお客さんは立派な老人です。事故を起こす前に、バリアフリー対策を進言するのも、工務店の責任の範囲に入ることを自覚して頂きたいものです。

住宅産業システムの見直し

二一世紀の住宅をとりまく環境を予測してみましたが、現在のままで済みそうにないことは確かなようです。さあどうされますか。問題提起だけして、と叱られそうですが、実は誰も経験したことのない時代に移りつつあるのです。すべてを決めるのは浮気性の生活者です。浮気性であろうが、とにかく生活者の実態、困っている、不便を辛抱している内容を、一般論でなく、何町の○○さんが、と具体的に知る業者が勝ち残ることだけは確かです。巻末の「住み心地診断チェックリスト」を活用して、個々のお客さんの実態を具体的にキャッチして下さい。

どんな世に変わろうとも、生活者をつかんでいる企業は必ず勝ち残ります。極端な場合、お客の信用を得ておればパソコンでも、米でも醤油でも何を扱っても商売として成立します。

また、真面目に努力する人、努力する会社が正当に評価される素晴らしい時代に変わりつつあることも確かです。要領や口先だけで渡れるほどこの世の中は甘くありません。

Ⅱ

生き残りを賭けた工務店七社

本書の趣意に合う実例を紹介したいと思います。これから紹介する会社は、すべて自ら会社を訪問し、私の目で確かめた企業ばかりです。

まず、ここに紹介した企業の皆様にお断りしておきたいことがあります。

私は四〇数年間、企業の経営顧問として、また中小企業診断士として経営診断支援を通じて経営者の皆様とお付き合いをしてきました。今回は取材を目的にお邪魔をしたのですが、お店に入った途端に診断士としての勘が働いてしまいます。わびしい習性かも知れません。本来ならば、良い点ばかりを紹介するべきでしょうが、提灯持ちの記事を書くお約束をした覚えもなしと、別の意識も働きました。散々悩んだのですが、このままでは危ないなと感じた点は率直に指摘しました。こんな取材に応じたばかりに恥を全国にさらした、とお怒りになるならば年寄りの戯れ言と許して下さい。冷静に振り返って頂けば、苦笑いせざるを得ないことばかりかと思います。明日からの経営改善の手がかりにして頂ければ、私にとってこんな嬉しいことはありません。これらに注意をして前進すれば、さらに優良企業として発展できる、と自信を深めて下さい。

特異な経営を続けている、いわばモデル企業候補とも呼べる四例、リフォーム専門に素晴らしい伸びを続けている三例、計七企業を紹介します。読者の皆様の参考になれば幸いです。

1 ― 自然素材の家がほぼ一〇〇パーセント

ヨハネ建設　藤本傳社長（岩国市）

ユニークな経営であまりにも有名になったヨハネ建設さん。天下の松下電器産業の部長クラスが、大挙して同社の見学に訪れたそうです。松下電器の部長さんたちが中小企業である同社の見学にみえたと聞き、私はさすがにと松下電器の企業姿勢に感心しました。最近は、藤本社長さんはすっかり有名人になり、講演の依頼が引きも切らず、断わりや日程調整が大変の様子です。三〇数年の友人関係にある私にとっても嬉しい限りです。名士ぶらずに現場で職人さんと気軽に話し合う姿を見る度に、安心感が広がります。ヨハネ建設さんについては何回も紹介し、講演の機会には必ずといってよいほど語ってきました。

お客様第一主義、社長以下全員の給料はお客様から頂いているとの企業姿勢は、同社の経営基本方針に明言されています。同社の経営あれこれについては、新聞、雑誌等で詳しくそれも何回も紹介されていますので、今回は最近同社が建てている家を紹介します。

建設省の「民間住宅建設資金実態調査」（平成一〇年度）によれば、個人持ち家は二九三七万円と発表されています。同社では、二〇〇〇万円に価格帯の照準を定めて、手ごろな価格でやれることを追求しました。

わかったことは、余分なことにおカネをかけなければ、これからの住まいにとって大切なことはかなり守れる、ということでした。

地震に強い丈夫な構造性、新省エネ基準の二倍の性能をもつ高断熱・高気密性、自然素材の利用など、納得いける内容の努力が盛り込まれています。また、建物の仕様は濃い中味でパッケージされていますが、ほとんどの敷地に対応できるよう、設計は巧みにシステム化されています。つまり実質価値の高さで評価を受けよう、と自信作の提供に努力しておられるのです。

最近同社が建築する家は、基本的には木造住宅です。それも予算と相談しながらですが、「木造打放し＋OMソーラー＋太陽光発電」のパッケージ住宅を基本にしておられます。

ご存じの方も多いとは思いますが、各々について簡単に説明しましょう。

①木造打放し住宅

まず写真をご覧下さい。これは完成品の写真です。節のある木がむき出しになっています。ビニルクロスもカーペットもありません。最初にこの家を見たときには、正直言って驚きました。三年も経つと、この節や木目が何ともいえない味を出す、と聞きました。この家は、内装

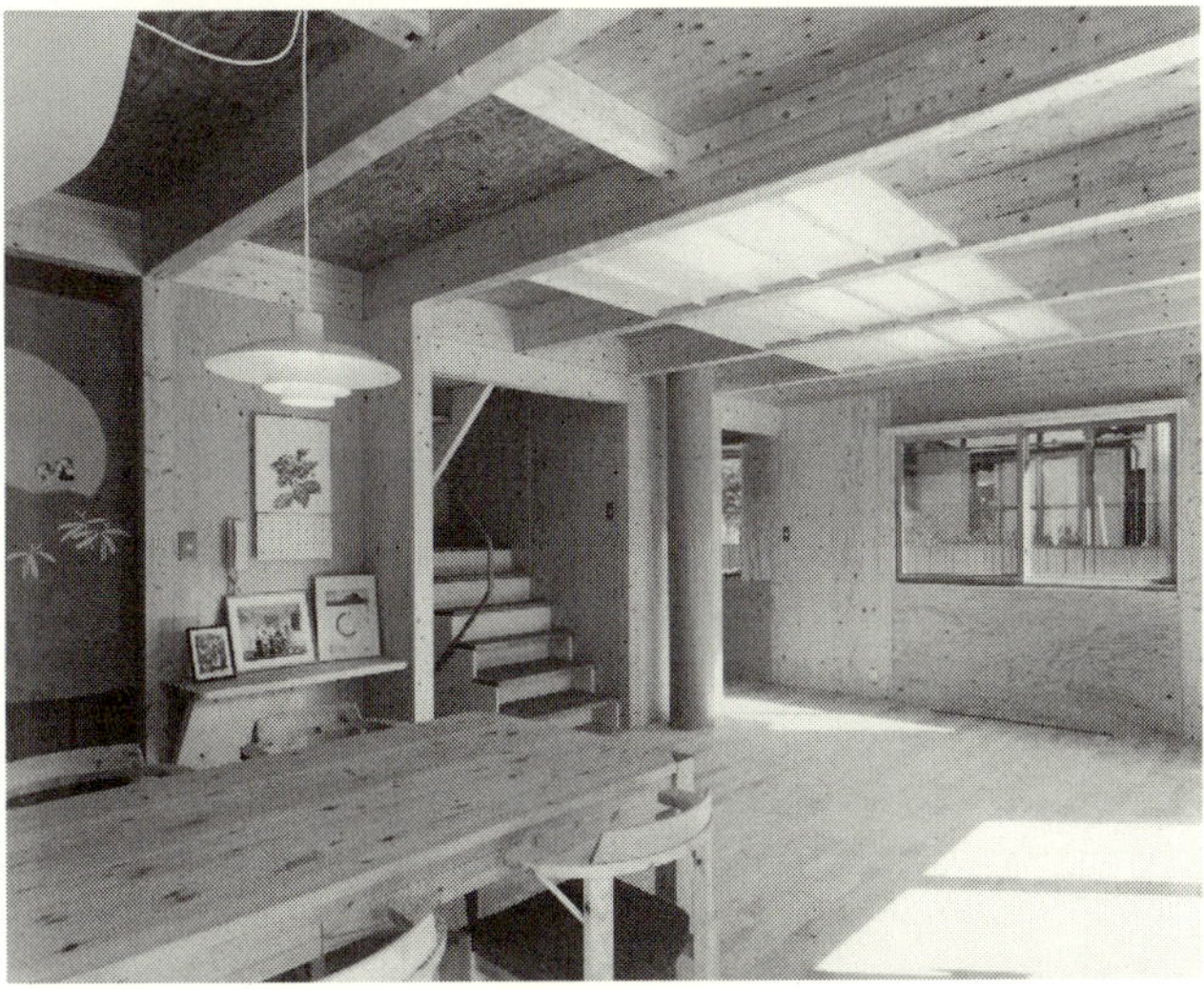

木造打放し住宅／ヨハネ建設

が素地仕上げというだけでなく、構造材の接合に使う金物も、合板を打ち付ける釘さえも、そのまま目に入ってきます。でもよく見ると、階段の手すり、家具、照明の明かりなど、センスの良さが納得されます。それらは、毎日の生活の中で無意識のうちにも目に入ってくるものだけに、神経が使われています。

少なくとも、室内から有害化学物質が出るはずもない材料ばかりです。

②ソーラーハウス

太陽熱エネルギーを利用した住宅のことで、積極的に太陽エネルギーを機器により集熱するアクティブソーラー技術と、空気の流れや樹木等で日射のコントロールを行うパッシブソーラー技術とがあります。

当社では、アクティブソーラーでは定評のあるOMソーラーシステムを採用しています。住宅見学会の案内チラシで、システムの概要をご覧下さい。

小児科の勤務医のお宅を見学させて頂きました。床暖房にも利用していますので、真冬でも暖かいのに驚きました。四歳くらいの坊やが床に寝ころんでテレビを見ていましたが、もちろん裸足です。奥様は流し台に向かっていても、冷たさは感じないとおっしゃっておられました。

JOHANE HAUS

冬のエネルギー自給住宅見学会

OMソーラー ＋ 太陽光発電システム住宅
木造打ち放しの家

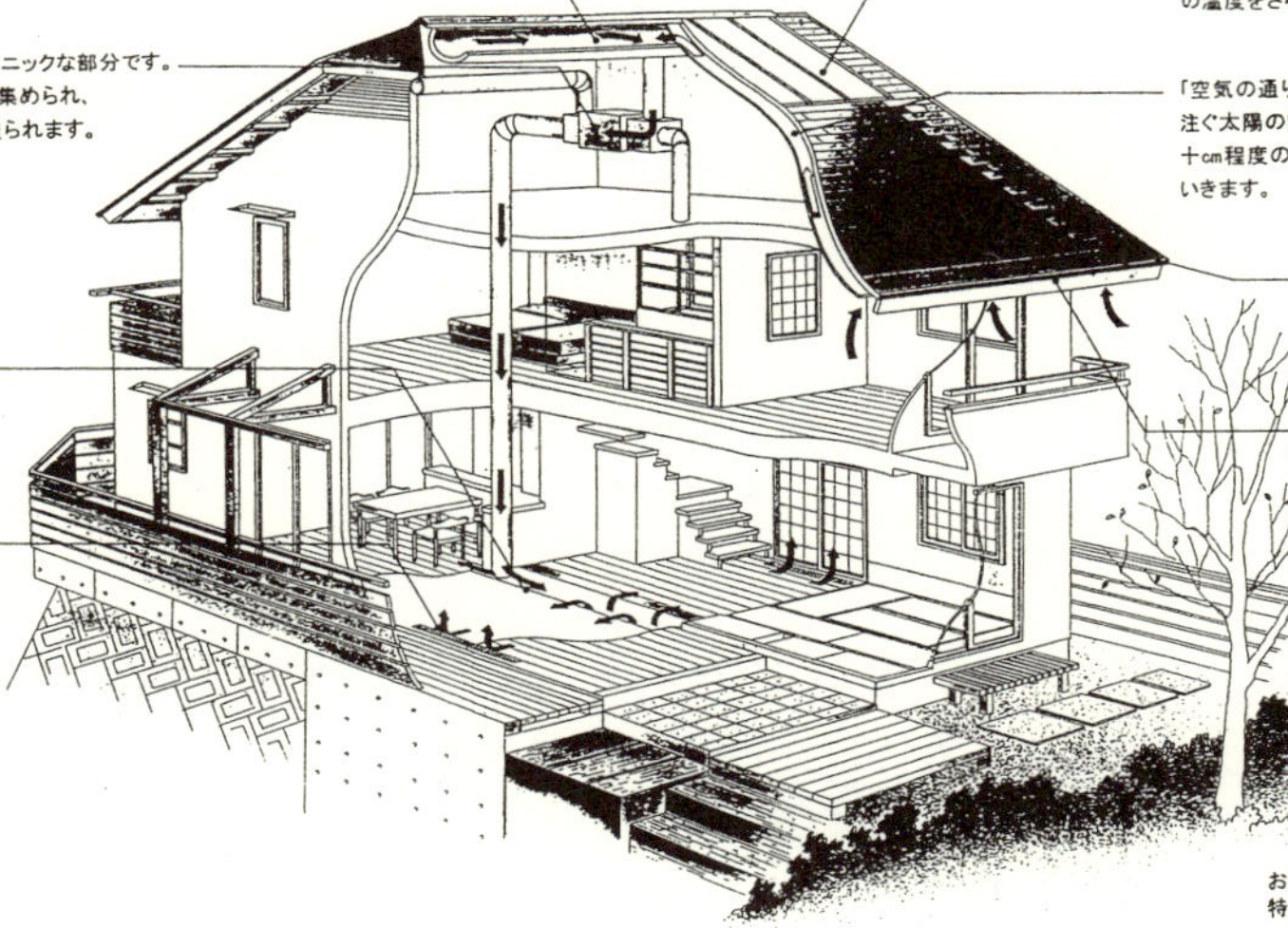

お客様の家
完成住宅
見学会

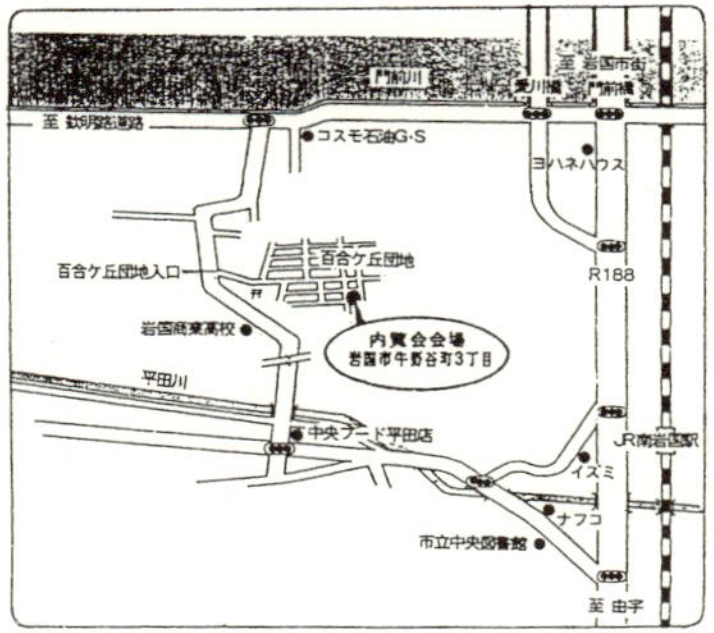

新しい考え方で暮らしてみませんか。

住まいづくりを考えるとき、一番大切なことは、自分たちのライフスタイルにあった家であり、快適で、安心な家である。ということです。また、限られた予算をどのように分配するかによって、全く異なった考え方の住まいづくりになります。たちまち、内装の仕上げがなくとも、豊かな居住空間がほしい。冷暖房や、給湯に使うエネルギーを少しでも削減したい。などという考え方があっても良いはずです。これから住まいづくりを考えるなら、型にはまらない自由な発想で、思いきり夢を描いてみましょう。そんな夢をかなえたいから、ヨハネハウスはすべてオーダーメイド。それは、これからもかわらないヨハネハウスのスタイルです。

お施主様のご厚意により、３日間の特別見学会を企画させて頂きました

1月15日(金)・16日(土)・17日(日)
午前１０：００～午後４：００まで

JOHANE corporation
ヨハネハウス
岩国市門前町3丁目7番14号 TEL.0827-34-0480

③太陽熱の利用

太陽エネルギーには、熱エネルギーと光エネルギーがあります。熱エネルギーはおもに、水を湯に変える場合に利用され、屋根に熱吸収用のパイプ、タンクを設置し、浴槽などに湯を供給します。夏は六〇度以上になり、ほとんど給湯器は必要としません。

光エネルギーは、太陽電池によって電気を起こし、家庭などに供給します。光起電力といって、その余剰電力は電力会社に売却もできます。前述の小児科医の奥様は、毎日記録を残しておられましたが、電力会社から支払いを受ける月があるとのことでした。

このシステムも、先ほどの住宅見学会の案内チラシで概要がわかります。

ヨハネ建設さんの「お客様第一」主義が、このような家を造り出しました。常務であるご子息さんも、藤本社長の精神を受け継いで励んでおられます。ヨハネ建設さんの将来は安泰といってよいでしょう。私も良き友人に巡り会えて幸せです。

もう一つ面白い話を紹介しましょう。昨年の秋、藤本社長さんはわが家に一泊されました。当時、東京都府中市にあった中小企業大学校（中小企業総合事業団の研修施設）から講義を依頼され、藤本社長さんに実務家としての講話をお願いしました。どうせ同じ所へ行くのだからと泊まって頂いたわけです。

私の書斎を興味深げに見ておられました。パソコン、ワープロ、コピー機に電話と、後は雑然と置いてある書籍や書類の何の変哲もない狭い書斎です。

今年二月に会社にお邪魔いたしました。何と全社員に一台ずつパソコンが支給されていました。社長からの指示や通達事項はもちろん、全社員の報告書からあらゆる文書が、パソコンでの連絡、報告、相談に義務づけられていました。

あるときお客さんから電話がかかりました。折悪しくそのお客さんに面識のある社員が誰もいません。電話を取った女子社員は、とっさにパソコン画面にそのお客さんの情報を出しました。家族構成、過去のサービス状況、修繕記録等、そのお客さんに関する情報は一目瞭然です。お顔も存じ上げないお客さんからの用件は、無事解決したそうです。私は思わず〝ヨハネさんのＩＴ革命〟と言ってしまいました。その女子社員さんは〝半年以内に社内から紙の資料はなくなるでしょう〟と平然としておられました。

やるとなれば一気呵成に実行する藤本社長さんの凄みを見た思いでした。実は社長さんは、子供の頃から建築現場でたたき上げた方で、ローマ字はなんとか読めるとのことです。パソコンのキーをたたくのも大変です。そこで、「１」とキーをたたけば「いつもお世話になりまして誠に有り難うございます」と文章がパソコン画面に表れるように考案されました。ローマ字がうまく読めなくても、パソコンの操作に不自由はありません。

私の書斎で興味深げに見回しておられた意味が理解できました。最近はＩＴ革命（情報技術の革命）の文字を見ない日はありません。情報の伝達、解析、計算等の技術が日進月歩で進んでいます。世界中の情報が瞬時に伝わります。企業経営に影響がないはずがありません。従来は当然と思われていた財閥や系列も、あっという間に消滅しました。本書でもマネジメントセンターの項で詳しく触れていますが、住宅産業システムそのものに影響が必ずあります。ヨハネ建設さんで見られるように、必要性と利用方法を自覚できれば、どこの企業でも活用できます。パソコンを活用できない企業は遠からず、しかも確実に消滅するでしょう。

2―阪神淡路大震災で一件の倒壊もなし

谷岡工務店　谷岡脩平社長（豊中市）

前著書『生き残る工務店・つぶれる工務店』でも、この標題で紹介しました。〝そんなはずがない〟〝いい加減なウソを書くな〟といった電話や、もっとひどい言葉で誹謗も受けました。周囲の家が全部倒壊し、両隣の家がもたれかかっている、と言うのですから、疑問を抱かれるのももっともかも知れない、と今回改めてその点に絞って取材をしました。

写真の家がそれです（木造・二階建）。阪急電車の宝塚線に、庄内という駅があります。物価の安いことは、大阪でも評判の地域です。あの大震災では、神戸の被害が圧倒的に大きかったことは事実です。でも他にも大きな被害地はたくさんあります。この庄内地域もその一つです。豊中市市報によれば、庄内地域の全壊家屋三三七世帯、半壊家屋六三五世帯と発表されています（豊中市全体では、全壊三〇三〇世帯、半壊一万二七五一世帯）。この写真が示すように、惨憺たる状況です。その中に谷岡工務店さんが建てていた家が、この写真の家なのです。寄棟の堂々とした家ですが、あの大地震で大揺れに揺れたことは、他の家とまったく同じ条件

上：大地震にもびくともしない木造住宅　　下：崩壊した家（庄内町）

です。ご覧の通りびくともしていません。

前回は、社長は〝木造住宅は本来はそういうものなんです〟と、疑問を抱くほうが不思議といった顔をしておられました。

要するに、次の点に絞られます。

① 貫《ぬき》（木造真壁造りにおいては、柱を貫いて横に渡し、壁下地の骨組としたもの。今日ではその貫に使われた幅一〇センチメートル、厚さ一センチメートルほどの板材を一般に貫と呼んでいる。『建築現場実用語辞典』井上書院より）に楔《くさび》を入れること。

② 込栓《こみせん》を深くするほど倒れない（下図参照）。

何のことはない、私ども素人にも理解できる工法です。法隆寺の塔が一〇〇〇年経ってもびくともしないのは、同じ工法で建てているからとも聞きました。社長は、検査が通らないから金物で補強した形をとっているとおっしゃっていましたが、さていかがなものなのでしょうか。

また、住宅金融公庫や市の中間検査は図面によるチェックだが、あれで構造的なことがわかるのか、とも疑問を呈しておられます。

社長の言葉を借りれば、今の在来軸組工法といわれている木造住宅は

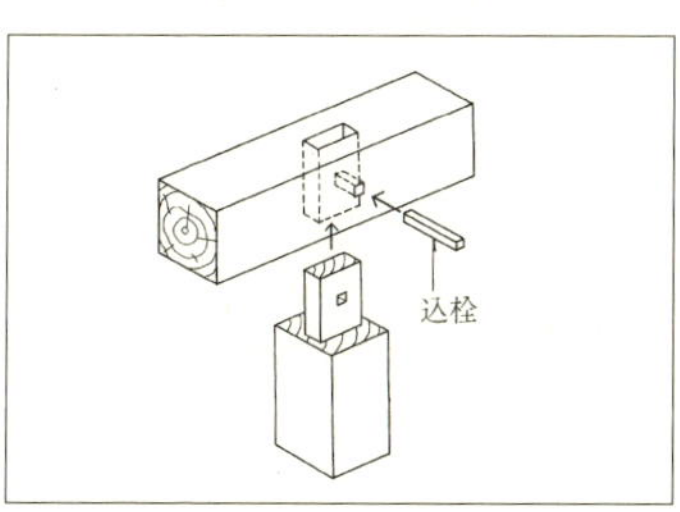

「木造、釘、金物、ボルト工法」だそうです。阪神淡路大震災で木造住宅が多数倒壊したのは事実です。しかし、倒壊どころか傾いてもいない木造住宅もあります。木造住宅は危ない、と朝刊の第一面でトップ記事に取りあげた朝日新聞の責任は大きいのです。プレハブやツーバイフォー住宅も倒壊しています。補強金具が折れた例も珍しくありません。

木造住宅は戦前に建てられた家もあり、ストックの絶対数が多いのです。プレハブやツーバイフォーはストックが少なく、倒壊が目立たないのは当然です。筋かいとか土壁、瓦の重さなどが問題と言われていますが、あの震災後、各地の住宅センター等の公共機関はどのような対策をうちましたか。せいぜい耐震診断ぐらいのものです。机上で理論ばかり勉強した官僚の諸君も、もっと現場に出て実地の勉強、見学、できたら自ら現場作業を体験する努力が欠けているのではないでしょうか。それにマスコミの皆さん、木造住宅の倒壊が多かったと事実を伝えただけ、と逃げるのでしょうが、木造住宅は地震に弱いと生活者に思わせた影響の大きさに思いをいたし、もう少し分析をしてから報道して欲しいものです。地震は避けられないとしても、あの惨事は二度と繰り返してはなりません。

谷岡工務店さんについては、前著書でも紹介していますが、さらにもう少し谷岡語録を追加します。前著書と併わせてお読み下さい。

●開業以来、一円の貸し倒れもない。また一円単位まで完全に支払われて、値引きの要請もない。お客さんが満足しておられる証拠と受け止めてよかろう。

●何事も最初が肝心。お客さんが納得して下さる工事をするためには、見積時が一番大切だ。そこで変な妥協をすると、もめる元になり、クレームにつながる。

●何が高いのか安いのか、生命財産を守るとは、と建物の価値がわかる人でないと、その注文は引き受けない。

●基礎のコンクリートを打ったあとは、乾燥期間養生のためゴザで覆う。乾燥し過ぎや凍結防止のためである。

●施主の人間性を見て、私がこの建物を手がけなければ、の気を起こさせてくれるような心の触れあえる人柄かどうかに特にこだわる。

そして〝不況になればなるほど良い仕事が出てくる〟とおっしゃっています。事実、過去のお客さんからの再注文と紹介客で多忙をきわめ、いつも手が空くのを待っていて下さるお客さんがおられます。

時代がどう変わろうとも、商売人の心意気の問題であり、この気持ちを皆がもっているなら、受注に困ることなどあり得ません。「経営は心」の実践者がここにもおられます。

3――木の気を活かす

天神　新実幸市社長（西尾市）

経済圏としては豊田・岡崎地域に属し、西尾市、一色町、吉良町、幡豆町で西尾都市圏を形成しています。

都市圏の総面積は一六〇・二平方キロメートル、住民基本台帳世帯数は四万四九〇九世帯（いずれも九八年度）、半径二キロメートルの範囲に三五二一世帯が住んでいます。「住宅困窮世帯」（建設省・住宅需要調査より。機会があれば、事情が許せば家に手を入れたい、直したい、と不便を感じている世帯）が四九・四パーセントあるなら（同調査の中京圏指数）、半径二キロメートルの範囲に一七三九件の増改築潜在需要がある計算になります。もちろん、二世代住宅、借家、ワンルームマンションも含んでの話ですが、単価九五九・七万円（建設省中京圏資料）なら一六六・九億円の潜在需要金額です。半径を四キロメートルに拡大すれば、この金額は四倍になります。

何故このような計算を最初に示したかと言えば、本能寺の変の際に、徳川家康が伊勢湾を渡って逃げ帰り、ほっと一息ついてお茶を一服飲んだと伝えられるお寺が残っている静かな城下町で、どこにそんな大きな潜在需要があるのか、疑問を抱かせる町並みだからです。

(株)天神は、大正七年材木店として創業、昭和二五年に法人設立という八〇年を越す老舗です。昭和四四年に建設業登録をして一般建築に進出、ハウス展示場設置、以降本格的に建築工事業を軌道に乗せた珍しい例です。現在は、木材の製材販売と建築設計施工を兼営しておられます。

〝七〇年以上も材木屋でやってきた会社です。木へのこだわりや知識はどこにも負けません。用途に応じて木質を見極められる強みがある。だからこそ、固定概念を捨てた自由な発想と視点でビルの中の竹屋敷をこしらえたいのです〟。これは新実社長の言葉です。自信に満ちた、しかも新しい世界への雄飛を志す言葉として私は好きです。

ところが、実際の建築では天然木でなく、構造用集成材を使っておられます。同社の印刷物では「特殊仕口金物と構造用集成材採用」と唱い、強さを強調しておられるのです。さらに使用部材の規格を統一して工場生産化、工期短縮、とプレハブメーカー並みです。

しかもすべて自由設計、コンピューターＣＡＤで設計変更にも対応、そして伝統工法で純和風木造住宅を造っているとおっしゃいます。従来の天然木を使う工法から見れば邪道なのか、それとも明日の工務店像の先取りか、興味を覚えるところです。

工事の善し悪しについては専門家に任せますが、いき方は決して間違ってはいないと思います。ただ、集成材のコストをどこまで下げられるかは、生産量と相関関係があります。言い方を変えれば、当社の発注量が集成材工場の生産性を左右できる影響力を持ち得るか、ということです。今後もプレハブメーカーと対等以上に勝負して欲しいものです。材木店出身の企業から面白いテーマを頂きました。

ただ当社も、他の多くの工務店と同じ資金ショート体質を有している疑いが濃いことが心配です。今回は取材であって診断に伺ったのではないので、資料を分析したわけではありません。しかし、会計関係は一切会計事務所任せで、月次試算表も一カ月遅れです。極端に言えば、決算を組むまでもうかっているか、損金を出しているかがわからない状態です。聞き取りでは、回収日数より支払日数のほうが早い疑いがあります。工事高が増えれば増えるほど、資金繰りが苦しくなる、最悪の場合には黒字倒産に追い込まれる危険がある、と言うことです。

現場でも厳しく申し上げたのですが、管理会計（会計資料が明日からの経営にはねかえせる会計）を理解できる経理マンの採用がどうしても必要です。社長さんの経営意欲が旺盛なだけに、できるだけ早く対処をして頂きたいものです。この不況期で優秀な人材は探しやすい状況

にあります。

現在は、紹介と再注文で八〇パーセント以上を占めているとか、受注については理想的です。一年に一回は、不定期でも巡回訪問を続け、過去のお客さんに出す年賀状も六五〇枚、他に現場見学会、新聞折込み（一万枚～二万枚）、ポスティングとＤＭ（一二〇〇枚）と狭い地域で懸命の努力が続いています。先ほども書きましたが、構造用集成材の工場稼働率、販売促進、管理会計の三者とコストダウンのバランスをどうとるか、の曲がり角に立っている、と申し上げておきましょう。

当社で忘れてならないのは社長夫人。中年婦人らしい押しの強さ、〝婚約時代にはラブホテルで内装の研究をしたものよ〟とあっけらかんと言える人柄、とにかくなくてはならない人です。中小企業では、会計経理を社長夫人が担当している例が多いのですが、当社に関しては、奥様に外に出て頂くほうが会社にとってはプラスです。社長夫人の語録をいくつか紹介しましょう。

•会話には絵と文章がある（印刷屋さんとの出会いから）。

•お客さんがセールスマンになって下さっている。

•買い物に行くと、声をかけて下さる。それが増改築につながる。

●標題の「木の気を活かす」も社長夫人の作。
●鉄骨よりも強く、純木造よりも暖かい木骨の家。
ご夫婦とも〝現在規模で充実した会社〟を目指したいと口をそろえておっしゃっています。

私も賛成です。

4──営業マンゼロ・一一人で七億円

モリヤ　土屋学社長（名古屋市）

祖父が棟梁、父が大工、現在地で約六〇年の老舗の三代目が現社長です。特に前社長・守屋誠一氏には〝心は教えられたが、技術は何も教えてはくれなかった〟と述懐されていますが、素晴らしい「匠」であったようです。

営業マンゼロで素晴らしい業績を挙げておられる例として、岩国市のヨハネ建設さんを前著書で紹介しました。大都会の名古屋でまた実例にぶつかり、工務店像地に落ちず、の感を強くしました。事務の女性三名を含めて全員で一一名。仕事の内容はすべて住宅及びお施主がオーナーの工場等です。創業期には建売企業の下請が一〇〇パーセントだったとのこと、よく変身されたもの、やればできるの見本です。

年間の工事は六〇〇～六五〇件、うち八〇～九〇パーセントはOB客、他は紹介客で占められています。新築が一〇～一五件、増改築の大（三〇〇〇万円以上）が一五～二〇件、小（一〇〇～三〇〇〇万円）が五〇～六〇件、他は一〇〇〇万円以下の営繕工事と分類しています。リフォームの工事現場が、常時三〇件くらいはあるとのこと、よくこなせるものです。いずれにしてもＯＢ客と紹介客がすべて、と言うのですから、工務店経営としては理想的と言えます。先代社長が「心」だけを教えてくれたとの言は、大きな重さでズシンときます。

基本設計は社長と工事部長が担当、他は外注しているそうです。外部の頭脳をフル活用する今流行のアウトソーシングです。生活者の生活態様の変化についていけない、と感じたときに、あまり自分に固執せず新進気鋭の設計事務所をパートナーとすることは、何も躊躇する必要はありません。設計事務所の下請になるのではなく、相互にもてる能力を出し合おうと言うのです。

当社のように、基本的な考え方、方針を明確にして、これを商品化するお手伝いを頼む、と理解すれば何と言うことはありません。全部自分でやろうとし、またそれを自慢にする工務店が案外多いのですが、考え直してはいかがですか。

工務店の家はデザインに問題がある、はよく聞く批判です。たしかに設計事務所の先生は釘一本満足には打てません。われわれだって一緒です。病気を経験しないと医者はつとまらないと言っているのと一緒で、屁理屈というものです。

土屋社長は面白い表現をされました。家を造るのに、ハードとソフトがある。ハードとは、見えない所をきちんと造れということ、ソフトとは、商売は満足を売ることだ、同じタイプの物で二〇〇万円では家としての価値がない、一〇〇万円なら価値がある場合は、躊躇なく一〇〇万円のほうを採用する、もしお客さんが一〇パーセント多く出して下さるならば、二〇パーセント良い物を造って見せる。

そして、こうもおっしゃいました。「ここに楽譜がある。建築なら図面だ。指揮者がカラヤンの場合と小沢征爾の場合では、同じ楽譜なのに全然違う音楽になるじゃないか。当社の造る家は、坪単価は七〇～八〇万円、ハウスメーカークラスの家でよいのなら、五〇万円くらいだ」、どれもこれも実績に裏打ちされた絶対の自信から出た言葉です。

と言っても、精神論だけではダメかな、とFCのアキュラホームのグループにも参加しておられます。常に新しい情報と知識を得たい、土屋社長さんの執念を感じました。

OB客に対しては、カレンダーを手配り、後は一部の巡回を除いて、暑中見舞と年賀状を出す程度、狭い地域に根を張った老舗の実力を見た思いです。面白いのは、巡回訪問の際に、何か問題点を見つけても、急を要しないと見れば、××年後頃に直して下さい、と帰ってくるのこと。ここでも老舗の余裕を見ました。

当社では、リフォームは改修ではなく修理だそうです。外装、屋根、基礎（構造部分を含む）を一回目、水回りを二回目、内装は三回目、というように、いつも余裕をもって工事が進められています。と言いながらも、夜遅くの電話であっても、電話を取れば必ず行く姿勢を守っておられます。

会計関係は、月次試算表までは自社で作成、調整と決算は会計事務所に依頼するとのこと、まずは安心して見ておられる会社です。私がかねがね納得しかねている〝高気密住宅〟については、〝窓は閉めたい時に閉めよ〟の一言が返事でした。高気密を売り物にしている多くのハウスメーカーさん、何とお答えになりますか。

事務所の向かいに、「コミュニティホールモリヤ」一階二〇坪、二階一〇坪を設立、利用費一〇〇〇円でケーキを出して会合等に利用してもらっています。

現在ＯＢ客は約一〇〇〇軒、これから一五年間に単価五〇〇〇万円で七〇〇〇軒から注文を頂けば三五億円です。工務店では、このように将来の堅い予測が可能です。

モリヤさんに関してはちょっと誉めすぎました。でも決して提灯持ちの原稿を書いた気持ちはありません。誰でもこのような店づくりはできることを強調したかったのです。町場の工務店経営とはこういうもので、同じような工務店さんは全国にいっぱいおられます。たまたまモリヤさんをその実例に取りあげた、にすぎないとご理解下さい。

5 ― 時流を読む

文化シャッターゆとりフォーム部　長谷部勲部長（東京都）

大手、中堅の各種企業が、増改築市場の将来性に目をつけて次々と参入していますが、うまくいってる事例が少ないだけにあえて取りあげました。

同社は住宅用、ビル用建材に展開し、シャッター業界では第二位、今後は太陽発電など環境対応商品やバリアフリー商品の増加等まで、従来のシャッター専業からの脱皮を図っています（二〇〇〇年・九月中予売上高四五五億円、従業員二五〇二名〈九九・九〉）。

同社・長谷部勲部長（五三歳）は学卒後同社入社、営業、工場、本社とごく普通のコースを歩み、この間には海外視察も経験、バブル経済時代には地域開発も手がけられました。

〝今後の方向付けを考えたとき、消去法で住宅リフォームが残りました〟。その当時に現建築部次長・横内哲雄氏との出会いがありました。東京芸大建築科出身の同氏の似顔絵は、チラシ広告に欠かせないシンボルマークになっています。本田技研の本田社長と藤沢専務の名コンビぶりはあまりにも有名です。事を起こす場合に、良き相棒に恵まれるかどうかは、以降の盛衰に大きな影響を及ぼします。その意味では、長谷部氏は強運の持ち主なのかも知れません。

　平成八年頃からリフォーム事業が開始されました。まず関連会社関係から受注を始めました。

　その当時は実績がないので、町のリフォーム業者を通じて仕入れをしたと言います。中小企業の創業期と変わりません。むしろ、上場企業のプライドを捨てた姿勢は立派だったと言えます。その時の経験から、現在も仕入れは原則として「当用買い」を守っているとか、何がプラスするかわからないものです。

創業期

　平成九年四月一日が、リフォーム部の創業記念日です。一日に一五件の引き合いがあり踏切りました（全員で六名、別にパートが九名）。その年度の実績は、完成工事高四億円で、損失金が三〇〇〇万円でした。

　当初は〝売りたい〟〝提案しよう〟〝美しいチラシ〟とオーソドックスな販促手法がとられました。この年度の損失金は、投込みチラシ（いわゆるポスティング）に食われたとのことでした。なお、チラシはすべて部長の手作りです（現在六二版）。

新座市・保谷市・田無市・武蔵野市・三鷹市・小金井市・府中市・国分寺市・小平市・東久留米市・清瀬市・戸田市
蕨市・川口市・鳩ケ谷市・草加市・八潮市・足立区・葛飾区・荒川区・墨田区・台東区・北区・板橋区・豊島区・文京区・練馬区・中野区・新宿区
0並びの年賀状で
メチャクチャ得する!!
コでこの工事が
1000円引き
(10枚に1枚の確率!)
大評判 1万円でできる工事
ご好評につき今年も継続します
今回、さらに種類が増えました
90 雨どいつまり直し(4ヵ所まで)
91 たてどい取替(1本)
92 ドア開閉調整(2ヵ所まで)
93 キッチン吊り戸棚スプリング丁番調整
94 玄関ドアクローザー取替(普及品)
95 あみ戸張り替え(90×180cm 1枚まで)
96 浴室タイル目地補修(1m角まで)
103 トイレ内手スリ取付
104 浴そう縁まわりコーキング打替
105 シャワーホースヘッド交換
106 キッチン手元灯交換(20W)
107 カーテンレール取替(巾180cm 3ヵ所まで)
108 トイレコンセント増設(1ヵ所引込み3mまで)
109 玄関スチールドア片面塗装
その他いろいろあります ご相談下さい。
保存版 すてないで
ちらしVol.52
今年もゆとりフォームは1月1日から ハリキって営業してます。見積無料
ゆとり
クロス 8,500件
〜猫のひっかきキズから、マンション全室貼替えまで〜
去年1年間の実績です。今年も格安商品をご用意しています。700円/m²
20%OFF 10万円以上ご契約の方
10%OFF 10万円以上ご契約の方
7%OFF 10万円以上ご契約の方
5%OFF 5万円以上ご契約の方
3%OFF 5万円以上ご契約の方
1,000円引き 1万円でできる工事からさらに
ゆとりフォーム特価から さらに お年玉割引きします
1月末迄にご契約の方だけ
お客様100%ご満足のシステム 1ダース
1 敏速対応 お電話いただいたら60分以内に伺います
2 満足対応 お客様専属のリフォームアドバイザーが最後まで対応します。
3 ご納得見積り お客様とお打合せ後速やかに見積提出します。
4 一級建築士サービス 内容によって一級建築士がご相談にのります。
5 全て注文書 全て注文書をいただいてから着手します。
6 リフォームローン お得なローンがご利用できます。手続きはゆとりフォームがします。
7 地域密着型 小さな工事も喜んですぐやります。
8 近隣ご挨拶 工事前にご近所管理人さんへ挨拶します。
9 保証書発行 最高10年間の保証書を発行します。
10 お客様アンケート 工事が終了したらお答え下さい。全て対応します。
11 アフターサービス アフターフォローも万全です。
12 年中無休 365日無休で朝9時から夜8時まで営業してます。
ーム123名、私たちに相談して下さい
練馬店 世田谷店 三鷹店 足立店
級建築士24名、一級施工管理技士2名、一級造園施工管理技士1名
インテリアコーディネーター10名、マンションリフォームマネージャー3名
フォーム 一級建築士事務所
東京都板橋区志村3-26-4文化ビル
通話無料のフリーダイヤル イーナ ナンデモ 365日営業
0120 FreeDial 0120-177-365
土・日も営業AM9:00〜PM8:00まで電話受付致しております。
・府中市・国分寺市・小平市・東久留米市・清瀬市・戸田市・蕨市・川口市・鳩ケ谷市・草加市・・足立区
家はゆとりフォームしながら50年以上ゆっくりと使いたいですね。資源保護のため再生紙を使用しています。

90-0001-15

板橋区・豊島区・文京区・練馬区・中野区・新宿区・渋谷区・目黒区・杉並区・世田谷区・狛江区・調布市
北区・台東区・墨田区・荒川区・葛飾区・足立区・八潮市・草加市・鳩ケ谷市・川口市・蕨市・戸田市・清瀬市・東久留米市・小平市・国分寺市
平成12年 年賀ハガキ
2000年 お年玉セール
家族みんなでココをチェック!
年賀状の末
ゼロ6
ゼロ5
ゼロ4
ゼロ3
ゼロ2
ゼロ1
ゆとりフォーム恒例 第3回
無料 リフォーム相談会
※当たりの年賀ハガキをいっぱいもってお越し下さい
申込書も忘れずに!
トイレ掃除ってもっとラクにならないかしら?
冬になると窓がビショビショで困っている
ゴチャゴチャの台所をスッキリさせたいわ…
うちのおじいちゃんお風呂は1番って決めてるけど入る前のヒンヤリ感がイヤだって言うの…
去年の相談(ほんの一例)
イ「畳を新しくしたいなあ」板橋区 T.K様
ロ「マンションの梁下を利用して収納を作りたい」中野区 M.M様
ハ「中古の一軒家を買った。自分好みにリフォームしたい」狛江市 Y.A様
一級建築士(横内、長島、田中(光軍)、蛯名、村上…)、二級建築士(冨田、藤本、高橋、立山、根岸、横尾、葛西、佐藤(幸)…)インテリアコーディネーター(橋本、中村(淳)、大野…)をはじめ、多数のベテランアドバイザーがあなたの住まいの相談にのります。あれば、建物のお図面及び気になる所の写真を1枚お持ち下さい。たちどころに解決します。——30代,40代のあなた、お子様の三者面談より はるかに面白くて楽です。当たりの年賀ハガキをたくさん持ってお越し下さい。
息子夫婦と同居が決まった。孫と一緒は嬉しいけれど二世帯住宅ってどうしたらいいのかな?
あなたのお住まいの地域でやります
ゆとりフォーム板橋店 会場:文化シヤッター本社 板橋区志村3-26-4 1月22日(土)・23日(日) 10:00~17:00
ゆとりフォーム世田谷店 会場:オーデリックショールーム 杉並区宮前1-17-5 1月22日(土)・23日(日) 9:00~17:00(23日は16:00まで)
ゆとりフォーム三鷹店 三鷹店開催のリフォーム相談会は、大盛況のうちに終了しました。たくさんのご来場ありがとうございました。
ゆとりフォーム足立店 会場:TOTO足立ショールーム 足立区一ツ家3-17-1 1月22日(土)・23日(日) 10:00~17:00
ゆとりフォーム練馬店 会場:タカラショールーム練馬 練馬区中村北2-20-11 1月22日(土)23日(日) 10:00~17:00
Wチャンス リフォーム相談会に来場された方で 2月末日迄に100万円以上ご契約のお客様全員に、特別価格から更に… 5%引き!!
一番近い会場へお越し下さい
ご来場者にはプレゼントや目玉商品(一流メーカーの洗面化粧台など)がいっぱいあります。
お問合せは「第3回リフォーム相談会事務局:村上あきこ」までお願いします フリーダイヤル 0120-177-365
リフォーム相談会 申込書
お名前
お住まい
電話番号
ゆと
板橋
野崎 笹原
佐藤美 佐長
石井 小日向
小林茂 立山
根岸 石山
一級建築
インテリアプラ
板橋区志村3-26-4 ☎03-3968-6778
板橋区志村1-34-7 ☎03-3558-5761
練馬区高松2-3-15 ☎03-5987-7551
世田谷区船橋6-5-7 ☎03-5317-7031
武蔵野市緑町1-3-15 ☎0422-60-8151
足立区西新井3-4-8 ☎03-3854-6081
本店
板橋店
練馬店
世田谷店
三鷹店
足立店
全店123名のゆとりフォーム社員と、約1,800名の専属工事部隊が皆様のために待機しています。
ゆと
文化シヤッ
東証一部
建築工事業 建設大臣(特-7)
渋谷区・目黒区・杉並区・世田谷区・狛江市・調布市・和光市・新座市・保谷市・田無市・武蔵野市・三鷹市
ゆとりフォームでは一緒に働く素敵な仲間を募集しています。希望者は本店にお電話下さい。
50年かかって育っ

人の採用

全員が中途採用者です。文化シャッターはリストラの最中、むしろ人減らし中です。部長がハローワーク（職安）へ行って自ら一本釣りで集めた人ばかり、同業経験者は三分の一、平均勤続は部長を含めて一三カ月の若いグループです。多種多様の職歴をもっていますが、率直に言って、何かの挫折経験をもち、何とか一旗揚げたいの意欲旺盛な人が集まっているとも言えます（採用後の離職率は二〜三パーセントとのことです）。

給与は固定給＋業績給で、業績給は回収時に粗利、件数、再注文率、紹介を勘案して支給されています。

現在は一三七名（うち営業九七名、そのうち女性が二七名、本社より六名）が九店舗に配属されています。勤務は月に四週七休で、実体はかなりの長時間労働になっています。

業績等

平成一〇年度は完成工事高一六億円、損失金三〇〇〇万円（人員増のため）、平成一一年度は完成工事高三三億円、経常利益六〇〇〇万円、まずは順調な推移です。現在は九地区（活動半径を五キロに限定）で活動しています。

一店舗は二〇坪を基準に、すべて賃借。店長・技術者一名、営業六名が三チーム、経理女子二名の編成です。

なお一般にリフォーム店では、社員一人当たりの固定費は一二〇〇万円前後ですが、当社では八三万円、営業マンの労働分配率は三三パーセントと余裕があります。と言っても、自動車関係、携帯電話、交際費等の費用はすべて自弁という厳しいものですが、当社の給与が低いわけではありません。

現在は、前記部長手作りチラシの新聞折込み一本で販促活動が行われており、チラシによるフリーダイアルでの受注がほとんど一〇〇パーセントとか、ここいらは大企業なればこそです。中小工務店の場合は、こうはうまくいきません。地元深耕は当然のこと、無料住み心地診断等で生活者の実体に迫らなければ受注にはつながりません。別の箇所で触れますが、大手の真似をしていては必ず負けます。

お客様アンケート集計表

長谷部部長のご好意で貴重な資料を提供して頂きました（六八頁）。

①　完成引き渡しの際に、アンケート用紙の書き込みを依頼し、アンケート用紙の返送をもって正式な保証登録手続きを取る旨が用紙に明記されています。回収率を上げる簡便で確実な方法として感心しました。

お客様アンケート集計表

		返信枚数	2,376 枚
1．どのようにしてゆとりフォームをお知りになりましたか？	回答	1,857 件	78.2 %
①チラシをみて		355	14.9
②以前にも頼んだ		129	5.4
③知人の紹介で		84	3.5
⑦その他		83	3.5
④当店が近いので		45	1.9
⑤近所でリフォームしたのを見て		0	0.0
⑥車内放送で			
2．ゆとりフォームを選ばれた理由は何でしょうか？			
③素早い対応		1,036	43.6
⑥担当者の印象		900	37.9
②適正な価格		789	33.2
①信頼性		732	30.8
④安さ		372	15.7
⑤電話受付の印象		185	7.8
⑦その他		126	5.3
3．ゆとりフォーム担当者の応対はいかがでしたか？			
②満足		1,306	55.0
①大変満足		879	37.0
③やや不満		108	4.5
④不満		36	1.5
4．担当者の提案内容や説明方法についてお聞かせ下さい。			
②満足		1,427	60.1
①大変満足		682	28.7
③やや不満		164	6.9
④不満		37	1.6
5．職人のマナーはご満足いただけましたか？			
②満足		1,445	60.8
①大変満足		640	26.9
③やや不満		143	6.0
④不満		29	1.2
6．リフォームの仕上がりはいかがでしたか？			
②満足		1,426	60.0
①大変満足		620	26.1
③やや不満		178	7.5
④不満		48	2.0
7．お知り合いにゆとりフォームを勧めますか？			
②できれば勧めたい		1,158	48.7
①是非勧めたい		605	25.5
③わからない		453	19.1
④勧めたくない		52	2.2
8．その他ご意見、ご要望があればご記入願います。		1,006	42.3

②　チラシ効果の大きいことおよび注意事項は先に触れました。それよりも、生活者が当社を選んだ理由に注目して下さい。

素早い対応、担当者の印象、適正な価格の占める率が圧倒的に高く、安さは下位になっています。大企業の有利性を強いて挙げれば、信頼性の一部の構成部分になるのでしょうか。担当者の応対、提案内容や説明方法、職人のマナーにも満足感が大きく、当然紹介等にも積極的です。

皆さんと同じ泥臭い努力を重ねて急成長しています。安売りをしたり、大企業の横暴で工務店市場を荒らしているわけではありません。この企業の増改築市場進出を知ったある業界新聞は、不買運動を起こそう、とまでアジリました。本当に取材をして実態を見なければなりません。

③　失注アンケート（受注できなかった場合に）を採られたお店はありますか。昨年山口県に講演に行きました。同県はプレハブ住宅がたくさん建てられることで有名です。その理由を尋ねたところ〝山口県には某有名メーカーの工場がある。他に大手住宅企業も進出していないので有名メーカーの独壇場になっている〟が共通の答でした。

〝最近三年間にプレハブ住宅を建てたお客さんに、なぜプレハブ住宅を選ばれましたか。実

失注アンケート集計表（○○店）

返信枚数　65枚

1．ご契約いただけなかった理由			
③予算と合わない	回答	29 件	44.6 %
④他社との見積が安かった		25	38.5
⑨その他		25	38.5
⑤他社の提案が気に入った		12	18.5
⑧知り合いに頼んだ		7	10.8
①約束の時間に遅れた		3	4.6
⑦当社に不安を感じた		2	3.1
②担当者の印象がイマイチ		2	3.1
⑥担当者の説明が不十分		2	3.1
2．担当者が説明した記憶があるもの			
⑤見積の内容説明		49	75.4
⑦工事の説明		35	53.8
⑥提案の内容説明		28	43.1
①会社の概要		27	41.5
③当社のサービス内容		22	33.8
②当社のシステム		18	27.7
④施工実績		17	26.2
⑧アフターサービスの種類		3	4.6
⑨保証書の説明		2	3.1
⑩リフォームローンの説明		2	3.1
⑪お客様アンケートの説明		2	3.1
3．次回リフォーム時に当社見積依頼の可能性			
②その時考える		46	70.8
①ぜひ依頼したい		12	18.5
③依頼したくない		6	9.2
4．その他、ご意見があればお聞かせ下さい。		32	49.2

際に住んでみて満足しておられますか〟の調査をしたお店は、と質問しましたが、答は皆無だったのが思い出されます。実態を知れば、対策も知恵もわいてきます。某社に好き放題に暴れられているのが実態のようでした。

事実、帰りのタクシーの運転手さんは〝某メーカーは基礎工事に評判が悪く、少し値段は高いが、別のメーカーのほうが評判が良い〟との意見でした。私の講演を聴いて頂いた工務店さんで、その後プレハブのお客さんの調査をされた方がおられたら調査結果を教えて下さい。

河野潤子さんの場合

住宅営業、それもリフォーム営業に携わる女性にはあまりお目にかかりません。コンスタントに実績を挙げている河野さんを紹介します。河野さんは主婦です。小柄ですがファイトあふれる、いかにもベテラン主婦らしい方とお見受けしました。弁も立ちますが、同時に人の話を聞くことで見聞を広めるタイプの可愛らしい中年女性です。

文化シャッターでの社歴は一・五年、それでも紹介と過去のお客さんからの受注が三〇パーセントから四〇パーセントを占めるとか、ご本人の努力の賜ですが、大したものです。

河野さんは名古屋生まれ、独身時代は高級陶磁器、食器のトップメーカー・ノリタケでデザイン室に勤務しました。その当時にデザインと色彩関係の勉強をしたのと、仕事柄職人さんとの付き合い方を学んだのが現在役に立っているようです。

彼女の育った家族は「掃除が好きな家系」だったそうです。他人の家でも汚いと気になってしかたがないとか。〝あそこに窓を付ければ明るくなる〟〝このクロスは部屋には合っていない〟等々が気になってしかたがないそうです。こうした性格、人柄がリフォームの営業にぴったりなのかもしれません。

現在の客単価は、二〇万円から三〇万円が平均とのこと。彼女はおっしゃいます。〝お客にとっては、一〇万円は大切なお金です。その一〇万円が三〇万円に見える価値ある仕事をするのが私の使命〟と。過去の実績を踏まえた大した自信です。彼女を支えているプライドと表現するほうが適当なのでしょうか。

また女性の特色を生かしておられるようです。デザインを重視すると毎日の生活に影響する、例えばこのデザインではゴミの集積に邪魔、自転車が一台しか置けない、給湯器の位置は工事から見ればベストだ、でも排気や配線でお隣とトラブルは起きないか、ドアの開きは右か左か、のように常に家庭で一日を過ごす主婦の動線を重視するそうです。

それと気を使うのが、職人さんとの人間関係、男子社員のように縄ノレンで一杯とはいきません。まして河野さんは主婦という大切な立場があり、母としては年頃の娘さんとの話し合いも手を抜けません。

「職人さんは先生」が河野さんのモットーです。自分はお客と職人さんの接点にいると、調整役に徹しておられます。温かい（冷たい）ジュースを差し入れに持っていくくらいしかできませんが、常に感謝の言葉を忘れないようにしています。でも職人さんとなれ合いになってはいけない、安心して喧嘩ができる関係になりたい、とのことでした。

お客さんからの手紙をそっと見せて頂きました。「（前略）初めはあまり気乗りしない面もありましたが、課長様はじめ職人さんが皆さんいい方ばかりで、きちんと仕事をして下さり、（中略）河野さんに至っては、本当に徹底した仕事ぶりには失礼な言い方かも知れませんが、感動いたしました。骨身を惜しまない毎日の行動には頭が下がります。（中略）とても気持の良いお部屋になり、明るく素晴らしい部屋に幸せを感じています。（中略）至れり尽くせりのお仕事振り、私もほんのすこしでも真似をさせて頂こうと思います。（以下略）」河野さんの仕事ぶりが目に浮かぶようです。

実はこの仕事は、キッチンを名古屋から取り寄せて施主が現物支給した仕事で、河野さんにとればキッチン部分は減額になってしまいました。でもお客さんの不安を少しでも解消するために、採寸したり何度も名古屋のメーカーと電話で打合せをしながら進めました。キッチンメーカーは文化シャッターが発注者と思っていたといいます。そして、メーカーの職人さん、お施主さん、もちろん河野さんも、関係者全員がとても満足した、和やかな工事になったとのことでした。

ここまでサービスの実施を許可した文化シャッターの責任者の態度も立派です。ありそうで滅多に聞けない話と感激して、関係者のお許しを得て紹介しました。河野さんの肩書きは「リフォームアドバイザー」、肩書きに恥じない立派な仕事ぶりです。

こうした集団が、文化シャッターゆとりフォーム部です。一部上場会社が、腕力でリフォーム市場に殴り込みをかけているのではなく、実に泥臭い努力の積み重ねによって着実に実績をあげていいます。今までになかった一部上場企業が新しく生まれても不思議はなく、私個人はその日の近いことを期待していいます。

6 ― 警察官からリフォーム業に

だいしんホーム　大村輝雄社長（新宮市）

警察官からリフォーム業に転職、非常にうまく行っている、との情報に和歌山県南端の都市、新宮市に取材に行きました。紀勢本線の特急で京都から三時間五〇分、期待していた割には寒かったのが印象的でした。新宮都市圏は三重県尾鷲都市圏、熊野都市圏を包括し、住民基本台帳で四万三五一二世帯、一一五八・五平方キロメートル、山林に囲まれて半径二キロ圏の世帯数は四七二世帯と決して恵まれた商圏とは言えません（いずれも平成一〇年度調査資料より）。

この地域で、年間完工高五・五億円、昨年の実績で新築六件（すべて木造住宅、坪単価五五万円）、増改築は平均単価一五〇万円前後の工事現場が常時二五～三〇件と、どこに出てもひけを取らない堂々とした実績です。

社長の大村輝雄氏は元警察官、C型肝炎で入退院を繰り返して辞表を提出、三五歳の時に羽毛布団販売業に転じました。

二一歳で巡査部長、二七歳で警部補に昇進と言いますから、秀才であることは確かです。現在五〇歳、そのまま警察におられたら県警の最高幹部の一人になっておられたでしょう。今まで頭を上げてしゃべっていた人が、どんな商売人になっておられるか、この点に一番興味を抱いてまいりました。一言で言えば、大したものです。

渦巻き営業

当社の最大の特徴と言えましょう。現場を持てば周囲一キロ圏をお得意にしてしまおうという作戦です。

ポラロイドカメラをフルに活用、工事前と後はもちろん、見せたい場所はすべてカメラにおさめておきます。その写真を持って、半径一キロ圏を徹底的に開拓していきます。

面白いもので、近所が美しくなれば私も、の気持ちが強くなると言います。しかも、無理強いでなく、写真に共感を覚える話術を駆使します。

専務の社長夫人は会計統括、総務、営業と大忙しです。娘さん二人も営業に従事、ですから文字どおり一家をあげての商売に熱中というわけです。電気、左官、水道の職人も社員にしています。

顧客管理

顧客名簿には一万人が登載、すべてパソコンで管理しています。年賀状は七〇〇〇枚出すとか、さらに年に二回、不便な場所はありませんかといったハガキを出して、その応答には電話専任を一人置いています。

その他、リフォームは衝動買いが多い、ビデオは販促ツールになる、契約をしたら翌日には着工（契約金一万円）等々、いろいろと販売作戦を聞かせて頂きました。

ここで一言。

渦巻き営業もアフターサービスも素晴らしい、でも何かが不足しています。それは何かを帰りの車中でもずうっと考えていました。私の四〇年のコンサルタント経験のアンテナに何かが引っかかるのです。

●副社長か専務格でどうしても人材を探して下さい。総務と管理会計を担当してもらうためです。現在の経理は、はっきり言って金庫番。金銭的な間違いは絶対ないけれど、これだけの金額が動いている企業の会計としては能力の限界を超えている、と言ったら失礼を承知で書いています。年間の完工高五・五億円とは、一日当たり一五一万円です。一〇日回収が遅れたら一五〇〇万円が必要です。その資金調達がいつでもできる態勢になっている、とは言えないでしょう。

・施工部門を別会社にしましたが、今後の管理態勢はどうされますか。特に営業と施工部長の調整が気になります。

経営者と営業部長は別です。この当たり前のことがどうも理解できていないように見受けられました。販売なくして経営なし、と言われるほど営業は重要です。でも、人、物、カネ、情報をいかにバランス良く統制をとるかが、経営者本来の職務であり、営業はその一部にすぎません。

頭脳明晰な社長さんのこと、これ以上言うのは失礼でしょう。農協と郵便局のカネをすべて取ってくるとの夢は、壮大だしあこがれすら感じます。

社長さんの営業センスとテクニックには敬服します。でも社長さんのお話にリフォームを通じて生活者の住生活の幸せを手伝うといったプライドが見られなかったのが残念です。すべてを商売のネタにする、から早く卒業して下さい。やり手の社長さんで終わるのには惜しい人材と思います。私は社長さんの可能性を信じます。

７―二七歳で年間完工高四・五億円

スペースアップ　小西正行社長（大阪市）

前期の実績三億円、実に五〇パーセントアップの会社にぶつかりました。それも弱冠二七歳。本社の他に二つの営業店を持ち、破竹の勢いです。お父様が五三歳で急逝、創業されていた近畿営繕工事を引き継いだのが二三歳、一九歳の時からお父様の手伝いをしていたそうですから、若いといってもキャリアは十分です。

待ち合わせた地下鉄の駅に迎えに来て頂きましたが、正直なところは会社の若い営業マンが来てくれたのかと思いました。流行のスーツを瀟洒に着こなし、人をそらさない話術話法はベテラン営業マンそのものでした。連れて行かれた所は長屋風倉庫の一角、荷物を踏まないように気を付けて二階へ、そこが本社事務所でした。ベンツで出迎え、工事高の割には立派な本社建物、となると要警戒です。その意味では第一印象は合格です。

長年のコンサルタント生活で、もうかっているか、社内はうまくいっているか、社員の教育はできているか等は、会社に一歩足を踏み入れた途端に自分でも不思議な勘が働き、まずその直感は外れない自信があります。取材に行っても、悲しいことにその勘が働いてしまいます。その意味では当社は合格、でもこれ以上大きくなると、隠れている病気が顔を出すな、も正直なところでした。

商圏は車で四〇分の範囲、現在の仕事の内容は、営繕三〇パーセント、リフォーム六五パーセント、増築五パーセント、新築はゼロです。二〇〇五年までは新築はやらないとおっしゃっていました。典型的なリフォーム専門業です。

人数は二一名、事務四名（経理、営業事務、接客）、営業一二名、工事四名（兼監督を含む）、それに社長です。大都会でよく見受ける商社タイプの建築工事業です。

月に一二〇〜一三〇の現場件数とか、一般の工務店では想像を越える驚異的な件数です。こんなことをいうと、関係者から叱られるかも知れませんが、当社近辺は有名な、安かろう悪かろうの悪名高い大阪特有の文化住宅発祥の地です。その気になってかかれば、無限といってよいほど需要には恵まれています。営業社員の給料は、三カ月間は固定給二五万円、四カ月目以降は固定給が下がり、回収時の実績で粗利金額と率で歩合給が加算されます。

アフターサービスは、一年以内は施工業者が、以降はメンテナンスお伺いのハガキを出して要望に対応している、とのこと。

予備原価なるシステムの概要も教えて頂きましたが、実際原価と合致しているのかを確かめる時間もなく、次の機会に譲ります。

ここで一言。

①　二一名で四・五億円完工では、採算面で大変でしょうが、研修期間の新人も含んでいるのでしょう。いずれにしても、拡大のスピードが早すぎないか、やや不安感を抱きました。取材時に、二〇〇五年までの経営計画書を見せて頂きましたが、はっきり言って願望、夢の域です。人事、販促、投資、資金繰りと日程計画がそろって、はじめて計画書になります。壮大な夢が語られており、何とか実現させてあげたい、とは思います。総人数の目標はありますが、管理職と権限委譲はどうされますか。当然、工事現場数も増えます。一人の監督者で面倒を見られる現場数には限界があります。工事管理を任せられる協力専門業者も簡単には育ちませんが、その教育訓練はどうされますか。総人数一〇〇人となれば、一〇人は管理者を育てておかないと、空中分解の可能性があります。自信を持ちすぎて、あるいはワンマン経営で、消えていった企業は数知れません。静かにこの計画書を見つめ直して欲しいのです。

②　現在は、帳簿作成から一切の会計を会計事務所に依存しています。会社の経理は単なる金庫番になっています。四・五億円とは一日当たり一二三万円です。月次試算表は一カ月遅れで

届くとのこと。おそらく原始伝票を会計事務所に渡すのが遅れているのでしょう。

それよりも私は小西社長さんが必要性を感じておられないのではないか、と思います。幸いに大きな事故もなく今日まで来られたのは幸運と思って下さい。生涯をともにと信用できる人材、片腕を早急に見つけ、口説き落とすことです。

羅針盤のない航海はあり得ません。それが経営計画書です。実績の資料を作成、計画通りに進んでいるかをチェックするのが事務の目的です。読み書き計算は単なる手段であり、専門家にお任せするのも経済的かも知れません。手段は任せても、社長の責任は逃れられません。パソコンを自分でも使っておられますね。かなり熟達しておられる、とお見受けしました。毎日の伝票整理や月次試算表作成まではパソコンソフトで十分こなせます。決算処理や高度の判断を必要とする事項についてのみ、専門家の支援を受ければよいじゃないですか。

③　社長さんの年齢なら、徹夜で麻雀をして、そのまま泳ぎに行き、帰りにバーで一杯飲めば美味しい年齢です。外部の経営研究会にも所属しておられるのは結構なことです。私はおすすめしたい。営業の実務は部下に任せてでも、時間を惜しんで猛烈に勉強して頂きたい。決算書の読み方はもちろん、簿記会計の基礎知識、経営管理論、時代の変化等いくら時間があっても足らないかも知れません。海外事情を直接肌で触れてきて頂きたい。しかも何回も。海外から

見れば日本の長所短所、そして進むべき方向と手段のヒントが見えてきます。その努力を積み重ねれば、二〇〇五年までの計画は動き出すでしょう。

④　二〇〇五年までは新築に手を出さない、が私には理解できかねます。新しく家を造る、のフローの時代からストックされた住宅をどう改良するか、増改築と建て替えが完全に本命の時代です。しかも、増改築の延長線上に建て替えがあります。リフォームを繰り返して建て替えに、が自然の流れです。新築のできる職人さんを早急に探して下さい。

リフォーム市場で素晴らしい実績を挙げるなら、次の建て替え需要ももらって下さい。それも、環境とともに優良な住宅を建てるのです。

ひょっとして、自分の金もうけの手段としてリフォームを考えてはいませんか。常に視点は生活者に向いていなければなりません。生活者は住生活の幸せを願ってリフォームの注文をします。優良な工事でお応えするのが建築業者の社会的使命です。どうかこの原点の命題をいつも頭からはなさないで下さい。生活者の住生活の幸せづくりのお手伝いが商売の目的であって、もうけはその結果として与えられるものです。もうけを目的にしての商売は、所詮小商売人のすることです。

III

生き残る工務店の物流革命

――マネジメントセンター構想

「良質の住宅を適正な価格で提供する」ことは長年の夢であり、関係機関、企業、住民グループ等の心からなる願いでもあります。そこに住み、生活をし、子供を育て、老後をおくる、住生活の幸せに直結するテーマであるだけに、何としても実現したいものです。しかし、お互いに感性が違い、人生観が異なり、金銭感覚も違うとなりますと、すべての人を満足させることは至難のテーマでもあります。

●良質の住宅

「質の良い住宅」につきましては近年、ようやく見方や定義が固まってきたように思います。最近マスコミをにぎわしている「住宅性能保証制度」、「住宅品質確保法」、「瑕疵保証円滑化基金」等の法律や制度が確立して、「良い住宅」に対する答や基準がはっきりとしつつあります。政府が〈生活者中心・重視〉の姿勢をはっきりとさせたことは特筆できる進歩ともいえましょう。しかし、例えばＰＬ法の判例が一通りそろうのに五年は必要とも聞きます。法律が施行され、施行規則等が整備されて実効が上がるには、未だ時日が必要かも知れません。ＩＳＯ関係で環境問題も避けて通れなくなりつつあります。反面、高断熱・高気密住宅の是非論が決着していないのも事実でしょう。

(財)住宅保証機構の住宅完成保証制度

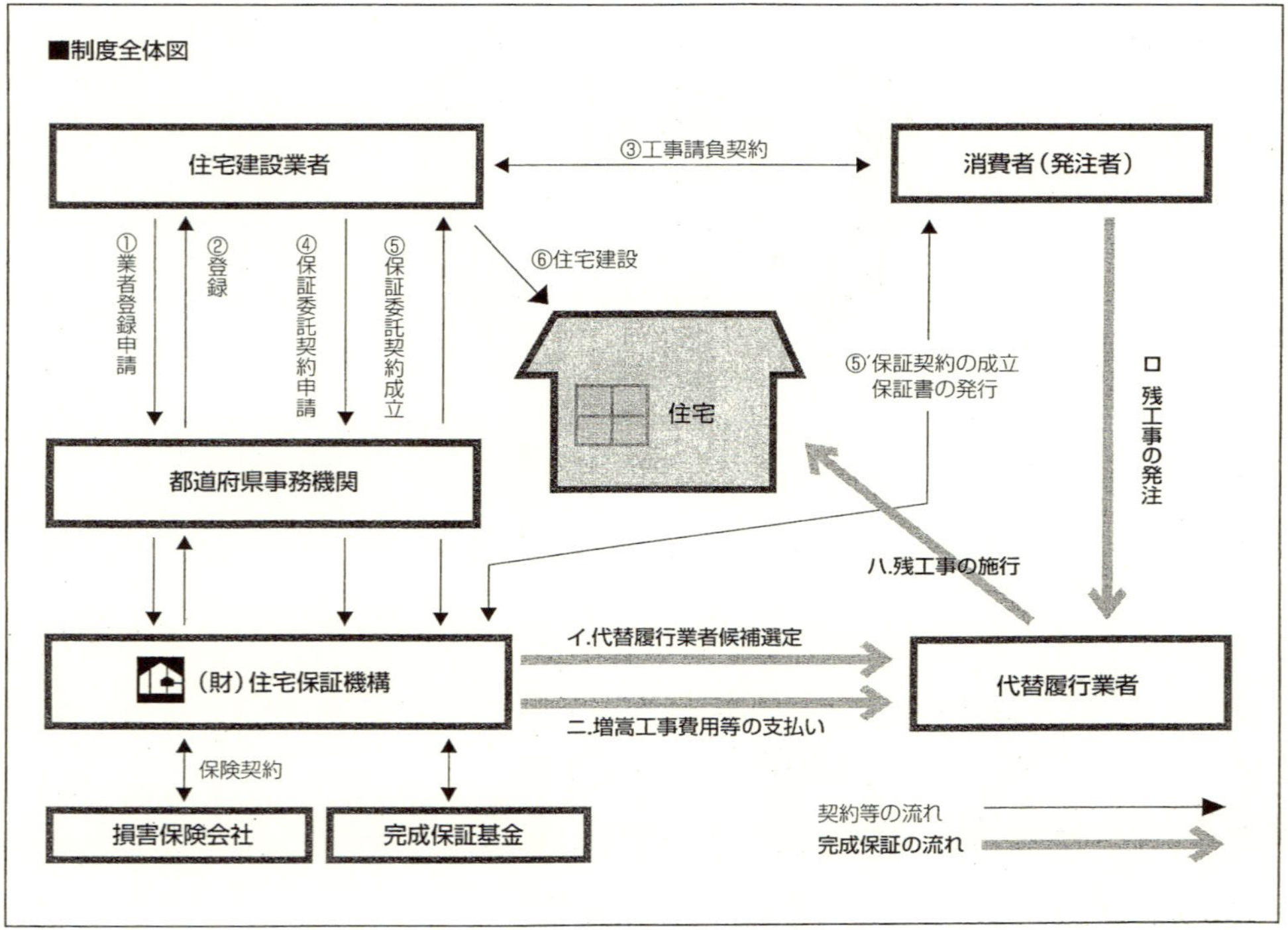
■制度全体図
住宅建設業者
③工事請負契約
消費者(発注者)
①業者登録申請
②登録
④保証委託契約申請
⑤保証委託契約成立
⑥住宅建設
住宅
⑤′保証契約の成立
保証書の発行
ロ 残工事の発注
都道府県事務機関
ハ.残工事の施行
イ.代替履行業者候補選定
(財)住宅保証機構
代替履行業者
ニ.増高工事費用等の支払い
保険契約
損害保険会社
完成保証基金
契約等の流れ
完成保証の流れ

いずれにしても、安かろう悪かろうの住宅を造る悪徳業者が駆逐される時代になりつつあることは喜ばしいことです。

●適正な価格

同じ図面で複数の業者に見積をさせれば、業者の数だけ違う見積価格が出てくるのは、この業界では不思議でも何でもありません。この業界特有の重層下請制度も無視できません。ある住宅メーカーが一〇〇〇万円で契約した物件を、六〇〇万円で下請に発注していた実例を知っています。

日本の住宅価格は、欧米先進国の二倍とも言われています。石油ショックの時でしたから昭和五〇年代の初め、トイレットペーパーに主婦が殺到した時代でした。メーカーや問屋が得意先の工務店を台湾や香港、アメリカ、カナダまで招待旅行に連れ出して拡販に精出していたときの話です。大阪のベニヤ板商社の仕入れ価格が七〇〇円、それを工務店に二八〇〇円で販売していました。原価の四倍で売る無茶な商売がまかり通っていたのです。その差額は工務店を海外に連れ出す費用でした。〝こんなことは所詮虚業〟と社長は淋しく笑っておられました。この会社は半年後に倒産しました。その当時〝材料が上がりました。人件費が上がりました〟

とすべて契約価格に反映させたのではなかったでしょうか。社内の合理化にどれだけ努力をしたでしょうか。当時一二〇日の工期は、今日も一二〇日です。工期の短縮にどれだけ努力をしたでしょうか。多少の危機感はありましたが、そのうちに始まったバブル経済の渦に巻き込まれてしまいました。住宅価格の高さは相変わらずです。

現在、あらゆる業種のすべての部門に合理化のメスが入れられています。今まで多重層の下請制度の上にあぐらをかいていた大手建設業もコストダウンの要請にあわてていますが、今さらのように中小建設業の非合理性にあきれています。いかにひどかったかは、一部企業の株価が示す通りです。

住宅の場合はゼネコンほどひどくはありませんが、コストダウンの余地は相当にあると思います。この章ではそうした問題にメスを入れ、対策を考えて見ます。

建設省に「木造住宅振興室」ができてからは、建設省も工務店の実態を調査し、それに基づいて平成九年度からは「木造住宅総合対策事業」が始まり、通産省の「中小企業近代化促進法」（平成一一年七月より施行の「中小企業経営革新支援法」に統合される）の指定業種、特定業種に建築工事業が政令指定されるなど、この業種への近代化対策が急ピッチで始まっています。

中小企業近代化促進法の体系

（平成10年10月1日現在）

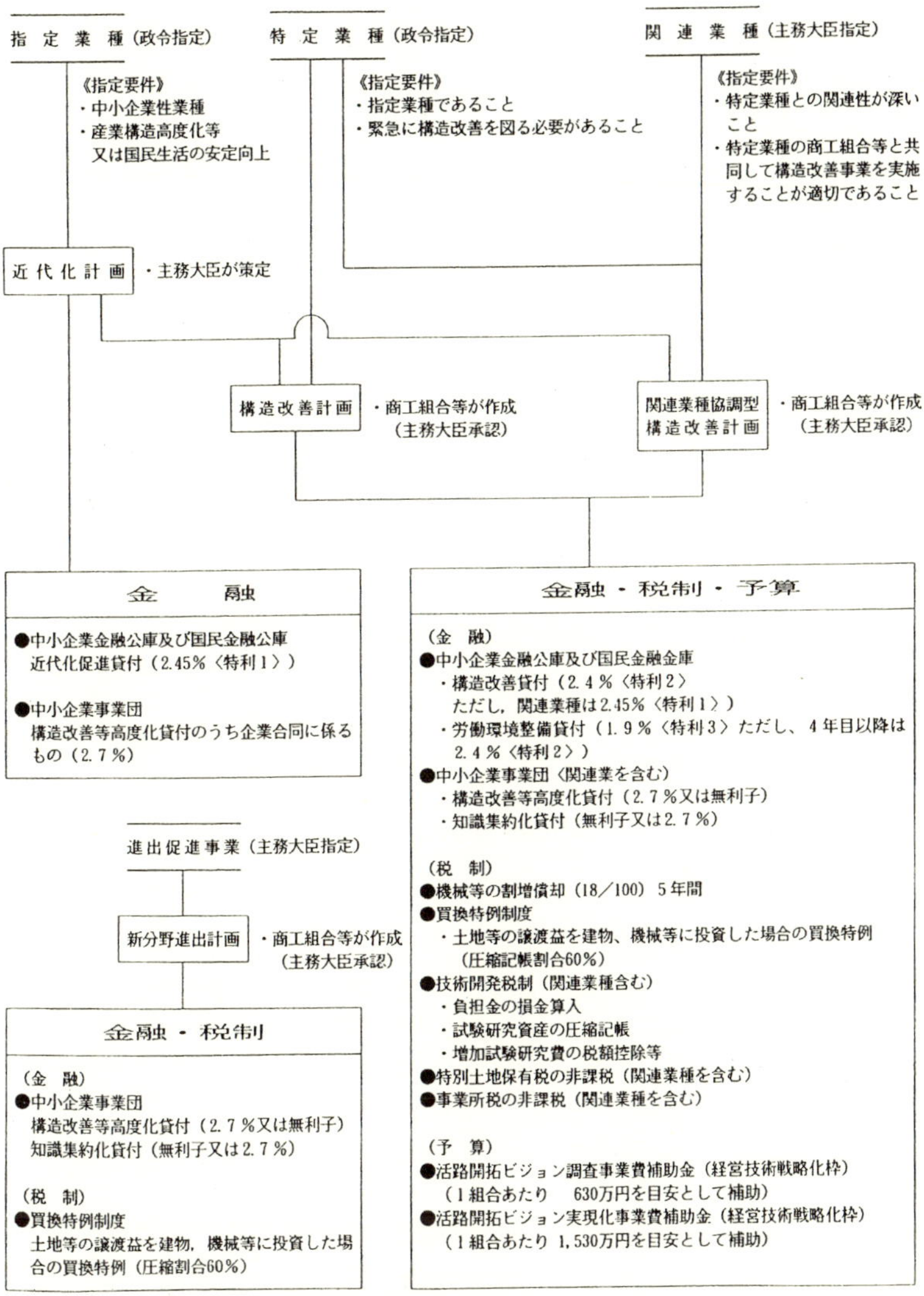
指 定 業 種（政令指定）
《指定要件》
・中小企業性業種
・産業構造高度化等
又は国民生活の安定向上
特 定 業 種（政令指定）
《指定要件》
・指定業種であること
・緊急に構造改善を図る必要があること
関 連 業 種（主務大臣指定）
《指定要件》
・特定業種との関連性が深いこと
・特定業種の商工組合等と共同して構造改善事業を実施することが適切であること
近 代 化 計 画
・主務大臣が策定
構造改善計画
・商工組合等が作成
（主務大臣承認）
関連業種協調型
構造改善計画
・商工組合等が作成
（主務大臣承認）
金　融
●中小企業金融公庫及び国民金融公庫
近代化促進貸付（2.45％〈特利1〉）
●中小企業事業団
構造改善等高度化貸付のうち企業合同に係るもの（2.7％）
金融・税制・予算
（金 融）
●中小企業金融公庫及び国民金融金庫
・構造改善貸付（2.4％〈特利2〉
ただし，関連業種は2.45％〈特利1〉）
・労働環境整備貸付（1.9％〈特利3〉ただし、4年目以降は2.4％〈特利2〉）
●中小企業事業団（関連業を含む）
・構造改善等高度化貸付（2.7％又は無利子）
・知識集約化貸付（無利子又は2.7％）
（税 制）
●機械等の割増償却（18／100）5年間
●買換特例制度
・土地等の譲渡益を建物、機械等に投資した場合の買換特例
（圧縮記帳割合60％）
●技術開発税制（関連業種含む）
・負担金の損金算入
・試験研究資産の圧縮記帳
・増加試験研究費の税額控除等
●特別土地保有税の非課税（関連業種を含む）
●事業所税の非課税（関連業種を含む）
（予 算）
●活路開拓ビジョン調査事業費補助金（経営技術戦略化枠）
（1組合あたり　630万円を目安として補助）
●活路開拓ビジョン実現化事業費補助金（経営技術戦略化枠）
（1組合あたり 1,530万円を目安として補助）
進出促進事業（主務大臣指定）
新分野進出計画
・商工組合等が作成
（主務大臣承認）
金融・税制
（金 融）
●中小企業事業団
構造改善等高度化貸付（2.7％又は無利子）
知識集約化貸付（無利子又は2.7％）
（税 制）
●買換特例制度
土地等の譲渡益を建物，機械等に投資した場合の買換特例（圧縮割合60％）

平成12年7月より施行の「中小企業経営革新支援法」に統合。

私は、各省庁の住宅に関係する業務を省庁から切り放して「住宅省」を新設し、そこで集中管理するのが根本的な解決策と思っています。それほど住宅の問題は大きいのです。

それにつけても思い出すのは、橋本内閣が行財政改革を標榜した当時です。クロネコヤマトの社長さんが、テレビでこんな公言をされました。覚えている方も多いと思います。〝現在封書は八〇円だが、われわれに任せてくれるならば八〇銭で利益を出して見せる〞。

国鉄も電電公社も民営化された途端に黒字に転換です。何よりも愛想の良くなったこと。毎日郵便を届けてくれる職員には感謝こそすれ何の文句もありません。でも、宅急便を利用すれば、全国どこにでも翌日に届くことも事実です。最近の宅急便は、全国の名産品を取り扱っています。それも、配達や集荷に来たついでに宣伝して帰ります。郵便局は配達するだけ、小包や書留便を出すときは、こちらから足を運ばなければなりません。そして、片方は年中無休、郵便局は土日祭日は休み。平日でも午後五時で終業（ATMは別ですが）。まともに勝負すれば郵便局に勝ち目はまずないでしょう。近く公社に衣替えするとか、さてどうなりますか、やればできるじゃないの、と言わせて頂きたいものです。全国、二万四〇〇〇局のチェーンは魅力にあふれています。どの業界とどうタイアップするのか、しばらくは目を離せません。

このように、どの業界も何があっても不思議ではない時代です。モチはモチ屋でなくてもつくれる、買える、のが今日です。

住宅産業界はどう変わるのか、生き残れる企業はどこか、を大胆に考えましょう。

なお本書では、持ち家の七〇パーセントは一戸建、その七〇パーセントは木造住宅、さらにいわゆる中小工務店が、都市地域での鉄骨鉄筋の中低層住宅を含めてその七〇パーセントを建てているという現実、その意味では庶民になじみがあり、しかも一番近代化が遅れている業界と言われながら、行政のはざまにおかれてきた中小建築工事業界をアタマの中心に置きながら書き進めていきます。

九一頁の「中小企業近代化促進法の体系」（『住宅生産必携』財団法人ベターリビング）および「住まいづくりのプロセス」「住宅の種類と構造」（『住宅・不動産用語辞典』井上書院）は上手にまとめられており、本書でも随所で関係内容が出てきますので、ここで紹介しておきます。住宅の種類、構造、および住まいづくりのプロセスと各関係事項、チェックポイントを最初に目を通して頂いて、本書を読み進めるスタートラインを同じにしておいて下さい。

B.設計

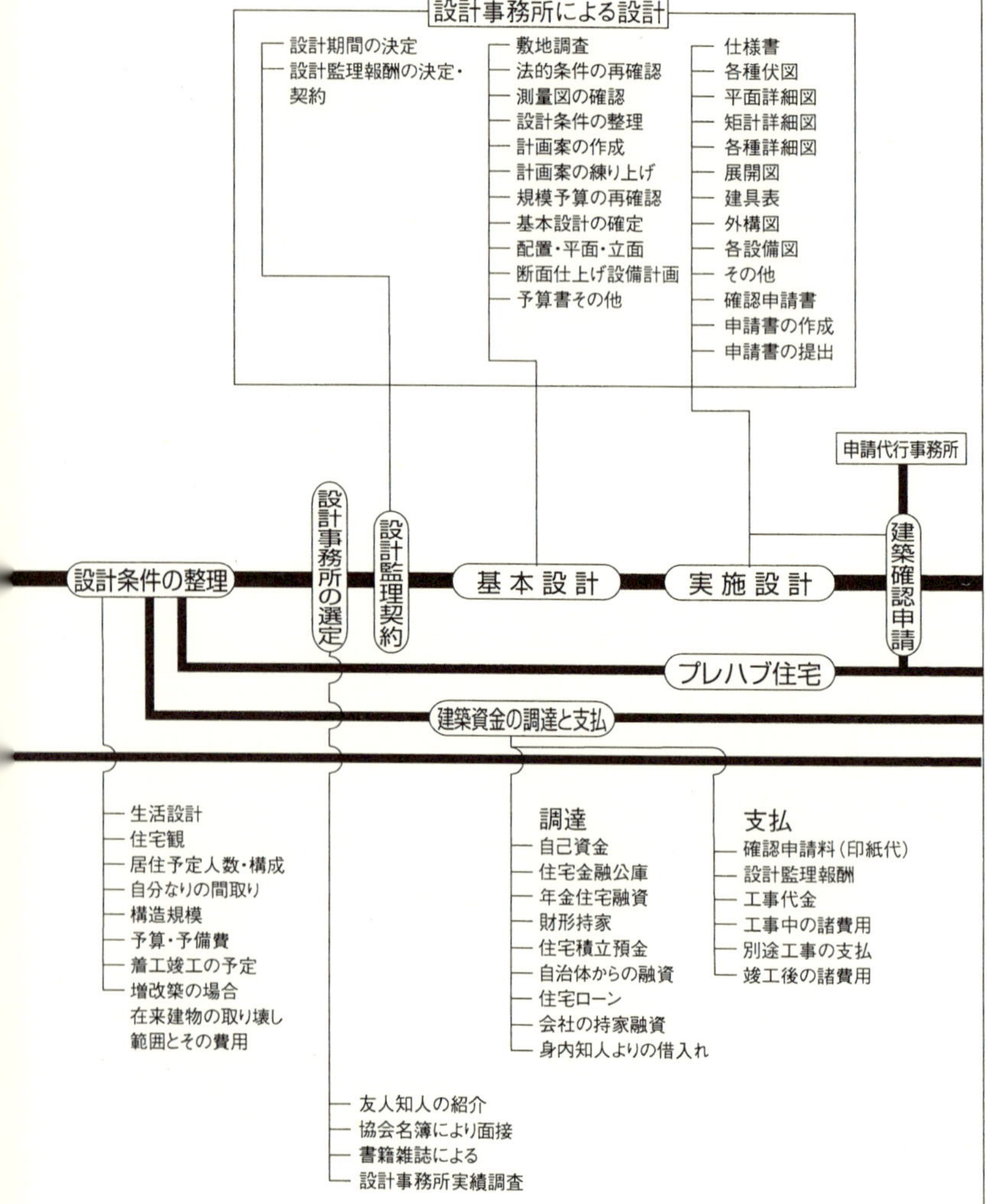
設計事務所による設計
設計期間の決定
設計監理報酬の決定・契約
敷地調査
法的条件の再確認
測量図の確認
設計条件の整理
計画案の作成
計画案の練り上げ
規模予算の再確認
基本設計の確定
配置・平面・立面
断面仕上げ設備計画
予算書その他
仕様書
各種伏図
平面詳細図
矩計詳細図
各種詳細図
展開図
建具表
外構図
各設備図
その他
確認申請書
申請書の作成
申請書の提出
申請代行事務所
設計条件の整理
設計事務所の選定
設計監理契約
基本設計
実施設計
建築確認申請
プレハブ住宅
建築資金の調達と支払
生活設計
住宅観
居住予定人数・構成
自分なりの間取り
構造規模
予算・予備費
着工竣工の予定
増改築の場合
在来建物の取り壊し
範囲とその費用
調達
自己資金
住宅金融公庫
年金住宅融資
財形持家
住宅積立預金
自治体からの融資
住宅ローン
会社の持家融資
身内知人よりの借入れ
支払
確認申請料（印紙代）
設計監理報酬
工事代金
工事中の諸費用
別途工事の支払
竣工後の諸費用
友人知人の紹介
協会名簿により面接
書籍雑誌による
設計事務所実績調査

A.土地

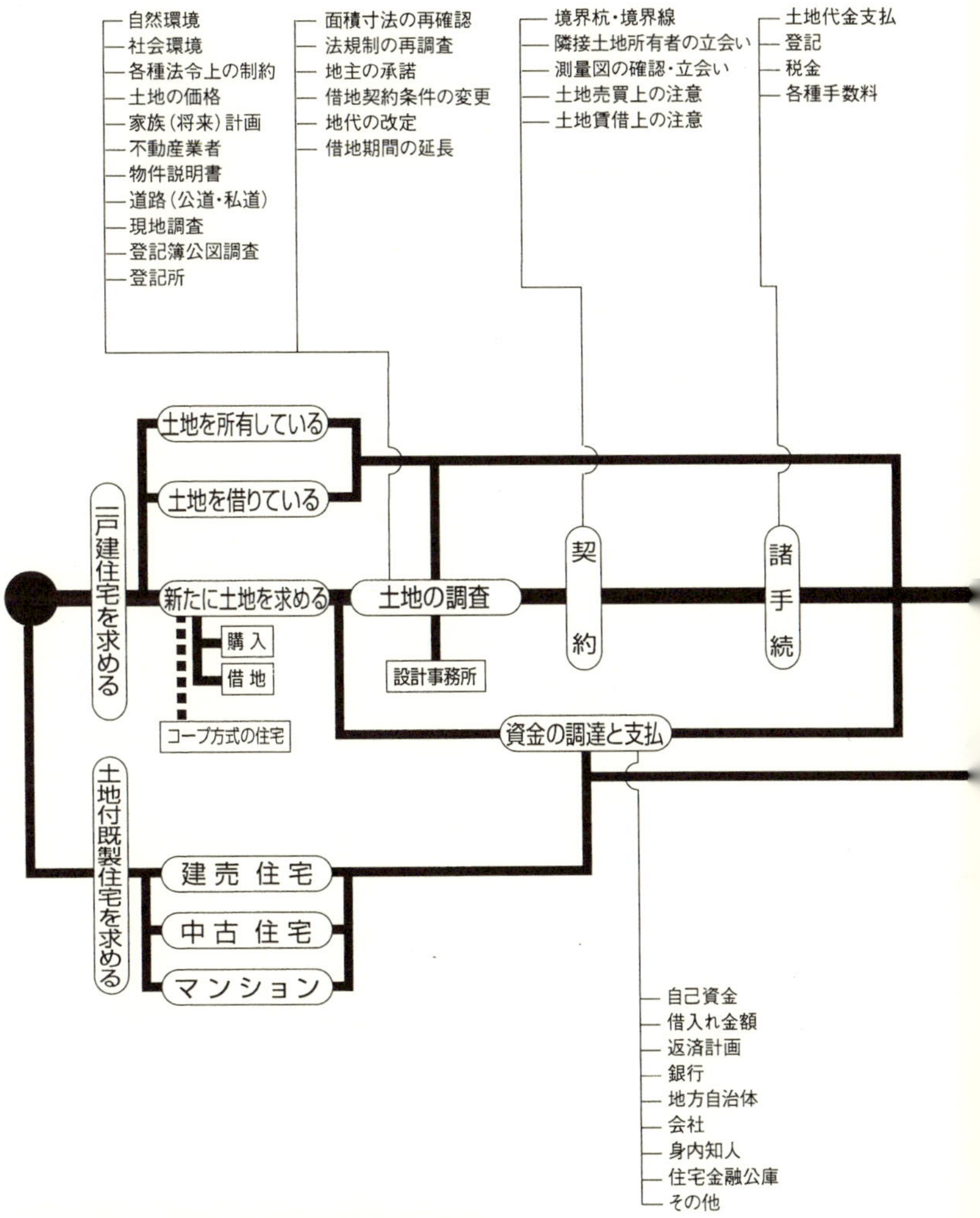
自然環境
社会環境
各種法令上の制約
土地の価格
家族（将来）計画
不動産業者
物件説明書
道路（公道・私道）
現地調査
登記簿公図調査
登記所
面積寸法の再確認
法規制の再調査
地主の承諾
借地契約条件の変更
地代の改定
借地期間の延長
境界杭・境界線
隣接土地所有者の立会い
測量図の確認・立会い
土地売買上の注意
土地賃借上の注意
土地代金支払
登記
税金
各種手数料
一戸建住宅を求める
土地を所有している
土地を借りている
新たに土地を求める
購入
借地
コープ方式の住宅
土地の調査
設計事務所
契約
諸手続
資金の調達と支払
土地付既製住宅を求める
建売住宅
中古住宅
マンション
自己資金
借入れ金額
返済計画
銀行
地方自治体
会社
身内知人
住宅金融公庫
その他

住まいづくりのプロセス

D.完成

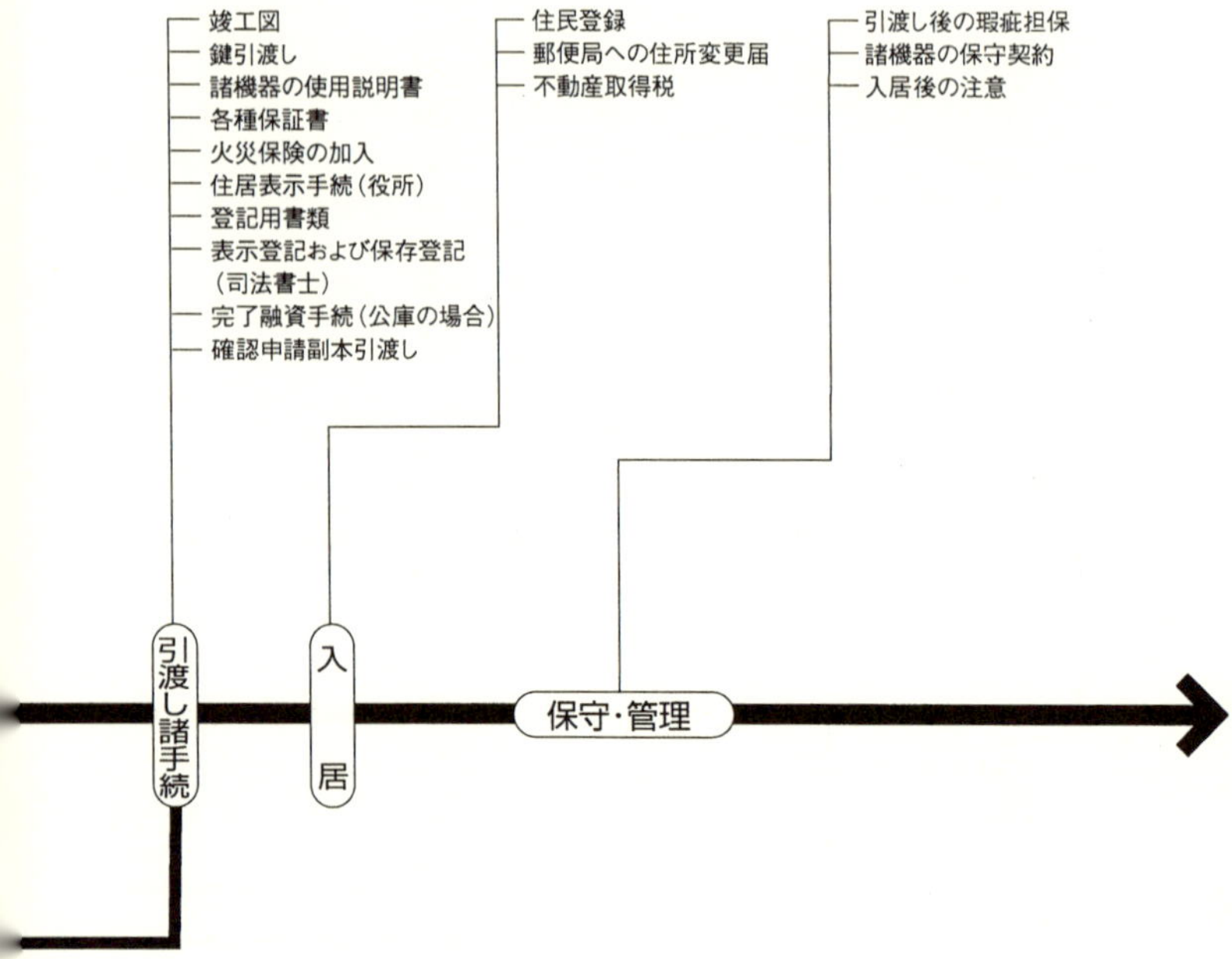

本表は一般木造住宅を基本にして作成しています。

C.工事

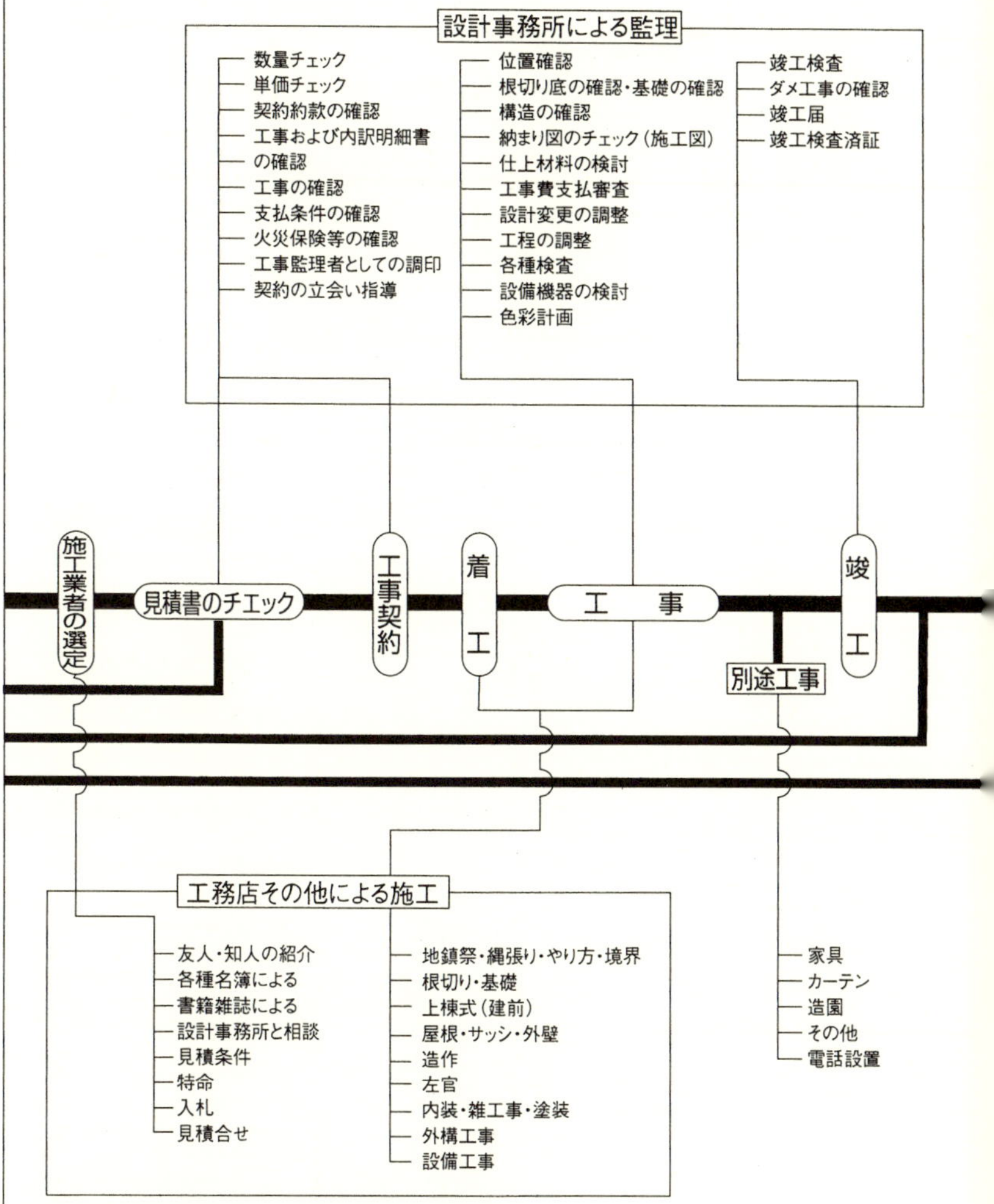
設計事務所による監理
数量チェック
単価チェック
契約約款の確認
工事および内訳明細書の確認
工事の確認
支払条件の確認
火災保険等の確認
工事監理者としての調印
契約の立会い指導
位置確認
根切り底の確認・基礎の確認
構造の確認
納まり図のチェック（施工図）
仕上材料の検討
工事費支払審査
設計変更の調整
工程の調整
各種検査
設備機器の検討
色彩計画
竣工検査
ダメ工事の確認
竣工届
竣工検査済証
施工業者の選定
見積書のチエック
工事契約
着工
工　事
竣工
別途工事
工務店その他による施工
友人・知人の紹介
各種名簿による
書籍雑誌による
設計事務所と相談
見積条件
特命
入札
見積合せ
地鎮祭・縄張り・やり方・境界
根切り・基礎
上棟式（建前）
屋根・サッシ・外壁
造作
左官
内装・雑工事・塗装
外構工事
設備工事
家具
カーテン
造園
その他
電話設置

住まいづくりのプロセス

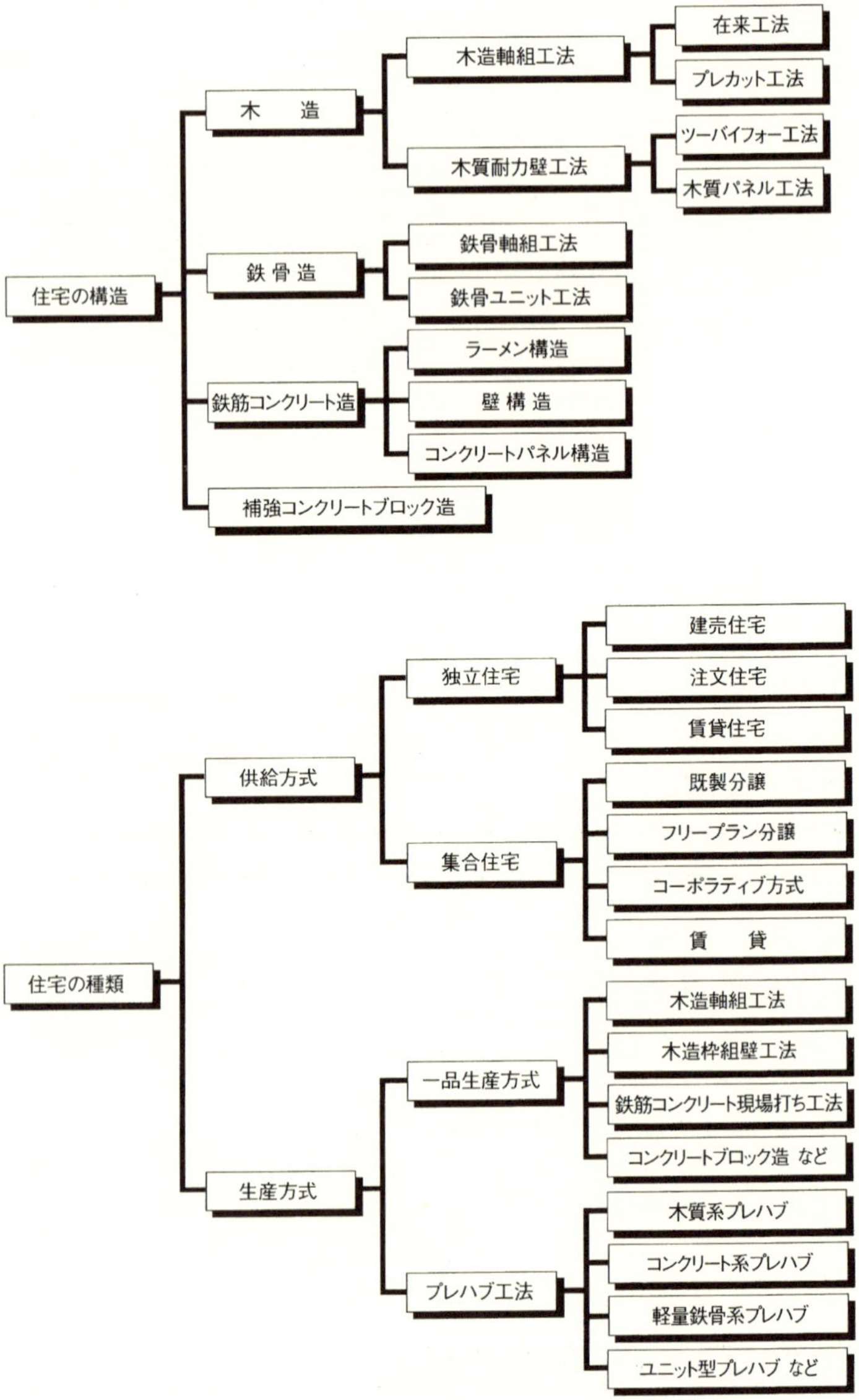
住宅の構造
木　　造
木造軸組工法
在来工法
プレカット工法
木質耐力壁工法
ツーバイフォー工法
木質パネル工法
鉄 骨 造
鉄骨軸組工法
鉄骨ユニット工法
鉄筋コンクリート造
ラーメン構造
壁 構 造
コンクリートパネル構造
補強コンクリートブロック造
住宅の種類
供給方式
独立住宅
建売住宅
注文住宅
賃貸住宅
集合住宅
既製分譲
フリープラン分譲
コーポラティブ方式
賃　　貸
生産方式
一品生産方式
木造軸組工法
木造枠組壁工法
鉄筋コンクリート現場打ち工法
コンクリートブロック造 など
プレハブ工法
木質系プレハブ
コンクリート系プレハブ
軽量鉄骨系プレハブ
ユニット型プレハブ など

[住宅の種類と構造]

住宅の原価のしくみ

住宅の種類・構造を問わず、住宅の原価構成は次のようになっています。難しい理論や規則がありますが、ここではごく常識的で、これだけは知っておいて欲しいことだけを説明します。

1　完成工事原価とは

①材料費

その工事のために直接購入した素材、半製品、製品、在庫品から振り替えた材料です（仮設材料の損耗額を含みます）。

現在は次の資料に示すように、〈材工一式発注〉で出入り業者に外注しますので、工務店の材料費率は九・一パーセント（総原価を一〇〇として。平成一二年発行『中小企業の原価指標』中小企業庁編。以下同じ）と発表されています。手間請の大工さんに支給する木材費や新建材費等がこれになります。

②労務費

社員でなく、日当や請負制で発注する職人の手間賃です。「原価指標」では三・九パーセント。

③外注費

工務店の工事原価で一番ウエイトの大きいのがこの科目です。いわゆる、〈材工共発注〉がこれです。

建設業は、建設業法により二八職種に分類されています。左官工事、電気工事、塗装工事、水道工事等ですが、住宅の建設には一八職種前後が必要と言われています。「原価指標」では六九・二パーセント。

建設業においては多重層の下請構造がある、と問題にされていることとは少し違います。一人で大工も左官も電気も塗装も、と各工事をこなせるはずがありません。専門の技能をもつ職人が、おのおのの部署を分担し協力してはじめて複雑な建造物が完成します。どうしても外注費のウエイトが大きくなるのは当然でしょう。

マスコミで問題になっているのは、これらの専門職種に発注された仕事が、さらに下請、孫請に再発注されている現状です。住宅の場合は、大手住宅企業が下請に発注することはありますが、さらに孫請にというようなケースは少ないと思います。ただ、大都会では受注専門会社があり、受注物件は建設業法で禁止されている工務店への〝丸投げ〟で処理している、と聞くことは少なくありません。クレーム発生時やアフターサービスで困るのはお客さん。いずれ生活者が裁きを下すでしょうが困った現状です。

外注費のウエイトが大きいことは、工務店の経営近代化は外注先を含めて対処しなければ効果が少ないことを意味します。お互いに独立企業であり、時代感覚も経営方針も異なるのですから、いうべくして大変難しい問題です。工務店業界の近代化が遅れている大きな原因の一つであることは否定できません。コストダウンの難しい原因のひとつでもあります。業界を挙げて対応のスピードをあげなければなりません。

④工事経費

建築現場で発生する諸経費です。現場監督（現場主任ともいう）の給料手当、賞与、法定福利費、福利厚生費、退職金、さらに乗り回している車両関係費（燃料費、修理費、車検代、損害保険料、減価償却費等）、設計費、労務管理費、確認申請に必要な費用、現場が始まる際に近隣の挨拶回りに持参する品代（交際費）、残業による夕食代（福利厚生費）、ダンプカーやユンボ等の費用（リース料、損料、減価償却費）、租税公課、補償費等々です。

多くの工務店では、この工事経費が他の諸経費とともに「一般管理費」として処理されています。会計事務所に伝票を渡すときに一般管理費と分類していないためと想像されます。会計事務所が分類の指導をしていないとすれば、その怠慢は責められるべきでしょう。いずれにしても、工事経費を分類していない場合は、会計事務所と相談する必要があります。

このように、材料費、労務費、外注費、工事経費の合計額が「完成工事原価」です。

完成工事高と完成工事原価の差額が、粗利益（完成工事総利益）です。平成一二年発行の『中小企業の経営指標』（中小企業庁編、以下「経営指標」）では、建築工事業の粗利益率は一二・九パーセントと発表されています。

この場合は、完成工事原価に工事経費が含まれています。工事経費を一般管理費に含めて計算しておれば、その分だけ完成工事原価は少なくなりますから、当然粗利益率は高くなります。どうせ経費に計上するのだから税額は同じかも知れませんが、どの部門でコストダウン対策を練るかとなると、どんぶり勘定では焦点が絞りにくいばかりか、対策を間違うおそれすらあります。

私の場合は、お手伝いしている企業では、新築住宅の場合、粗利益率二〇パーセント、販売費および一般管理費一五パーセント、五パーセントの営業利益を確保できるようにアドバイスをしています。なお実際には、粗利益率一二・九パーセントの企業はあまりありません。一八パーセント以上と一〇パーセント以下のグループに分かれます。設計施工の元請か、下請か、の二グループで平均すれば発表の数値になるかなといったところです。役所が工務店の実態をつかんでいないことは、こうした資料でみられます。以前に大手建設業関係の専門工事業で、二次下請の時より三次下請の場合のほうが利益率が良い、という信じられない実例にぶつかりました。大手と下請の間でお互いに貸し借りを清算する結果とのことでした。見てはならない伏魔殿を垣間見た思いでした。

2　合理化の対象

工事現場での合理化とは、現場に落ちているお金を拾うことです。材料を有効利用しよう、工程計画を守ろう、工事日数を短縮できないか等は、どこの講習会でも聞きます。今回は目に見えにくい、あるいは気が付いていてもこんなもの、とされているいくつかの問題点をえぐり出してみたいのです。目に見えにくいお金といったほうがよいのかもしれません。

①物流費

「流通費用」という言葉をよく聞かれるでしょう。メーカーから需要家まで、商品が届くまでの費用です。

一般的にはメーカー、商社問屋などの流通業者を通って商品が需要家に届きます。各段階の企業が、それぞれ利益を取るから、それだけ価格が高くなります。

最近はメーカーと直結する小売業が増えています。スーパーマーケットがその典型でしょう。あるいはインターネットを通じて世界中から探し出して共同購入する例も珍しくなく、流通業者を脅かしています。需要家が存在価値を認めなければ、その流通業者はどんどんと抹殺される時代になりつつあります。この流れは、もう誰も止めることはできません。

こうした動きを〈流通経路の短絡化〉と表現しています。

ところが、よく考えてみると、「流通」には三つの視点があります。つまり、今まで述べてきた段階をふんだ商売（商的流通）、メーカーから需要家へ、逆に需要家からメーカーに流れる必要な情報の流れ（情報流通）、メーカーから問屋、建材店を経て建築現場に運ばれる物の動き（物的流通）の三つです。

段階をふむ商売は、どんどんと崩れてきています。また、《ＩＴ革命》と呼ばれるように、あらゆる情報は瞬時に世界中に伝わる時代です。一消費者へのクレーム対応が悪かった、とインターネットを通じて発表されて、大メーカーの担当常務が平謝りをした有名な事件がありました。以前なら、一消費者のクレームなど大メーカーの圧力で簡単に押しつぶせたと思います。それがマスコミをあげての大騒ぎになる時代です。つまり、〈情報流通〉もすっかり様変わりしました。

さて、問題は〈物的流通〉です。

今でも〝○○現場へ、明日朝九時までにプリント合板五枚頼む〟といった電話をかけている場面にぶつかることは珍しくありません。建材屋さんでは、運んでおかないと次の受注に差し支えるので、文句を言いながらも運んでいます。ひどいときには四トン車で。帰りは空車も珍しくありません。おそらく、工務店側の積算の失敗、発注間違い、現場での無駄使い等が原因でしょう。工務店では、商売人はいつでも都合をつけて無理を聞いてくれるもの、と信じているのでしょうか。大きなトラックに浴槽一つ積んで走っている光景を何回も見ています。こうしたことにはすべて経費がかかっており（人件費、燃料費等の車両関係費、時間当たりの固定経費の無駄等）、請求しないだけで決して無料ではありません。

「原価指標」では、荷造り運賃は、総費用を一〇〇として、製材業二・四パーセント、木製家具製造業三・一パーセント、建築材料小売業〇・二パーセント、木材小売業〇・三パーセント等と発表されていますが、これらは外部への支払い費用で、自社の社員が自社の車両で運んだ費用は含まれてはいません。

一戸建住宅の建築に一二〇日かかるとすれば、着工の時にいつ頃何の資材、設備が必要かはわかっていなければおかしいのです。こうした物流費の無駄が、コストが下がらない大きな原因になっています。

『季刊中央公論』昭和五〇年夏季号ですから、もう二五年も前に私は「良い住宅を安くするための提案」を発表しています。その中で田沢喜重郎氏（日本住宅物流センター元常務取締役）が「三〇坪の木造住宅を造る場合、延べ一五〇台のトラックが現場に出入りしているということである。しかし昨秋、東急建設が建て売り住宅を建築した際に綿密な工程計画を組み、それに従って資材搬入を行った結果は、四回に分けてトラックは延べ三〇台で済んだとも聞いている。勿論この場合は団地であり非常に効率よく運搬が行われたことと思うが、その差の大きいことに驚くと同時に、合理化の余地が十分あることを想像させられる。」と指摘しておられることを紹介しています。二五年後の今日も同じ指摘をしなければならないのではありませんか。

一方、材木店や建材店ではどうなんでしょうか。一〇回の現場配送が七回に減った場合、いくらの経費減になるのか、正確につかんでいるお店はあるでしょうか。あるいは、一回の配送コストはいくら掛かっているのか、をつかんでおられますか。もし配送コストが三〇パーセント削減されるなら、それだけ利益につながります。ならば、例えば削減分を折半すればお店の利益が増え、工務店の仕入れ原価も下がります。ひいては、お客との契約価格にもはね返ります。

昭和五二、三年頃でしたか、運輸省で在来工法住宅の物流合理化の調査研究が行われ、私も委員の一人として参加しました。いろいろの実態調査が行われましたが、その委員会の事務局を引き受けたのが、社団法人日本能率協会でした。その専門家たちの計算では「物流が完全に合理化できれば、現在の住宅価格は四〇パーセント下がる」というショッキングな結論が出ました。仕入れをいくら安くするかといった世界を大きく飛び超えています。

この問題の具体的対策は、工務店で積算、工程計画がどこまでできるか、工程管理をどの程度しているか、従って計画仕入れができるか、に尽きます。

現状のままではほとんど無理、と残念ながら思わざるを得ません。そのための仕掛けづくり、システムづくりを考えて、みんなが協力すれば解決できる方法を提案したいと思います。

流通業には、本来果たさなければならない社会的使命があります。生活者の生活態様の変化を敏感に絶えずキャッチして、メーカーの商品開発への情報提供と意見具申、工務店への生活態様・変化情報、売れ筋商品情報の提供、販売施工のノウハウ提供、工務店の金融助成、そして倉庫配送等です。昔は、工務店の資金繰りを実質的に見ていたのは材木店でしたが、最近は材木店もその力がなくなりました。

流通店が果たさなければならない機能をまっとうできず、倉庫と配送がほとんど、が圧倒的に多くなりました。倉庫と配送に終始しておれば、いずれは宅急便業者に取って代わられるおそれは十分にあります。競争しても勝つと断言できるお店はありますか。郵便局の配送業務が宅急便に代わりつつある現実があるじゃないですか（一二四頁「資材調達に関する現状と取組み」を参照して下さい）。

②アフターサービスの重要性

アフターサービスは必要悪なのか、といった議論が相変わらず続いています。住宅産業はクレーム産業といった言い方も、業界では常識になっています。

岩波新書に『商人《あきんど》』（永六輔著）という本があります。その中に興味深い一文があります。「いい時間帯で、一〇パーセントの視聴率で三〇〇回放映すると、見ている人の半分がその商品を認知する。そのためには八億円かかる。なんやかんやで一〇億円はありませんとねー」。

最近はテレビコマーシャルで、中小建設業の宣伝をよく見ます。失礼ながら聞いたこともない社名の場合が珍しくありません。永さんは全国放映の場合をおっしゃっているとは思います。地方局ならもう少しは安いのでしょうが、千万円単位で済んでいるのでしょうか。それだけの費用をかけて効果がどれほどあるのか、他人事ながら気になります。

「有価証券報告書」（大蔵省）から資料を得て、大手住宅企業の内容をのぞいて見ました。売上高に対する広告宣伝費、販売促進費、販売手数料（取扱い手数料）等の率と金額、住宅展示場の棟数または投資金額、その他表面に出ていない販売社員関係の費用、販売施工代理店の販売社員関係費用と広告宣伝他の販売促進費を加算して現状を直視して下さい。

大手企業とまともに競争をしたり真似をしておれば必ず負ける、ということです。同じ装備をした戦闘機が空中戦をすれば、数の多いほうが必ず勝つ。有名なランチェスターの法則です。

展示場を造る、テレビ宣伝をする、セールスマンを採用する、果てはチラシやＤＭもこの中に入るかも知れません。この中とは、〝大手企業の真似〟です。厳しいことを言うようですが、一度立ち止まって考えて頂きたいのです。もちろん、展示場やセールスマン、チラシの配布等は、あるほう、実施するほうがよいかの議論になれば、あるほう、実施するほうがよいに決まっています。でも、これだけ巨額の費用を使っている大手企業との競争は、本来どうあるべき

大手住宅企業の内容

	積水ハウス(11/1)		ミサワホーム(11/3)		大和ハウス(11/3)		ナショナル住(11/3)		三井ホーム(11/3)	
	百万円									
売上高	1,061,428	100.0%	204,282	100,0	871,637	100,0	176,005	100,0	174,945	100,0
売上原価	842,580	79.4	154,025	75.4	669,660	76.8	115,723	65.7	137,217	78.4
売上総利益	224,595	18.3	51,885	22.5	201,976	23.2	60,282	34.3	37,728	21.6
販売費及び一般管理費										
・広告宣伝費	21,836	2.1	6,552	3.2	10,995	1.3	4,604	2.6	2,617	1.5
・販売促進費	26,023	2.5			10,096	1.2			1,599	0.9
・取扱手数料	7,766	0.7	5,133	2.5	11,807	1.4	5,167	2.9	1,019	0.6
・役員報酬	342	0,03			594	0,06			289	0.16
・従業員給料手当	39,566	3.7	7,282	3.6	44,018	5.1	9,576	5.4	8,631	4.9
・　〃　賞与	14,182	1.3			6,144	0.7	4,008	2.3	3,075	1.8
・厚生年金基金掛金	2,745	0.3								
・法定福利費	5,387	0.5			7,562	0.9			1,410	0.8
・厚生費	3,982	0.4			6,572	0.8			718	0.4
・支払手数料			5,878	2.9						
⋮										
計	170,348	13.9	41,693	18.1	162,412	18.6	55,390	31.5	36,548	20.3
営業利益	54,246	4.4	10,191	4.4	39,563	4.6	4,891	2.8	2,180	1.2
住宅展示場	６１３棟		３８５百万円		２６９棟				２３５棟	
〃　@売上高	1,731.5 百万円				3.240.3百万円				744百万円	
従業員数	１４，２６４人		１，８４６人		１２，３８７人		３，７１２人		２，２３３人	
〃　@売上高	74.4 百万円		110.7百万円		70.3百万円		47.4百万円		78.3 百万円	

①「有価証券報告書」（大蔵省印刷局）により計算した。
②完成工事高、分譲用土地・建物売上高、不動産事業売上高、等企業により売上高及び原価が異なるので、すべて「売上高」「売上原価」に統一して表現した。
③上表で空欄になっているのは上記報告書に該当勘定科目の記載が無いからである。

かといった基本に戻って冷静に考えて頂きたいのです。

岩国市にヨハネ建設さんがあります。私とは三五年間に及ぶ友人関係があり、今日までの足取りをつぶさに見てきました。同社についてはⅡ章でも触れていますが、藤本傳社長の言葉が忘れられません。

「セールスマンを一人採用すれば、人件費以外の費用を加えれば年間に一〇〇〇万円は必要だ。もし、この一〇〇〇万円をアフターサービスにかければ二四時間働いてくれる」。

事実、同社では営業マンはゼロ、営業活動は強いて挙げれば社長と常務さんくらいです。三〇名で二三億円完工、経常利益率一二パーセントの素晴らしい業績を挙げておられます。

そこで、アフターサービスの持つ重要性と必要性について考えて欲しいのです。

そもそも何のために商売をしておられますか。私はよく言います。「家庭の奥さんは、今日は魚屋さんをもうけさせてやろうと買い物に行かれますか」と。魚は新鮮か、値段は妥当か、今までに変な魚をつかまされた不快なことはなかったか、応対は良いか等々を総合判断して、一〇〇メートル先にスーパーがあるのを承知でその魚屋で買っておられます。魚屋は〈どうしたらお客が喜んでくれるか〉を一生懸命に考えて実行すれば、千客万来はまちがいありません。「もうけ」は商売の結果であって、決して目的ではないのです。「もうける」ことを目的にして苦しんでいる商売人さんのいかに多いことか。

「事業経営の目的は顧客の創造にあり」と喝破したのは、アメリカの有名な経営学者であり経営コンサルタントでもあるP・F・ドラッカーです。

生活者の住生活の幸せづくりをお手伝いするのが工務店稼業じゃありませんか。引渡し時のお施主さんの嬉しそうなお顔を見ると、今までの苦労も何も吹っ飛ぶ、この瞬間の喜びを味わいたくて、苦しくても工務店を続けているといった声を全国で聞きます。

そこまで苦労をして造った家は、産み落とした子供と同じだと思います。元気にしているだろうか、風邪をひいてはいないか、とわが子ならば気になるのが当たり前のはず。台風が来た後に雨漏りはないか、塀は倒れていないか、となぜ気にならないのでしょうか。できれば「今夜一一時頃に台風が上陸するそうです。全員が出勤していますから、何かあったら電話をして下さい。すぐに駆けつけますから」と全部のお得意先に電話をすれば万全です。

それを実行しているのが、ヨハネ建設さんです。営業マンがゼロといっても、こうした平素の地道な積み重ねがあります。広域ならば手が回りませんから、当然狭い地域を徹底的に掘り起こし、お守りをしています。

車で一時間以内とか、半径五キロ以内とか、商圏を限定して商売をしているお店は少なくありません。共通しているのは、手が空くのをお客が待ってくれている繁盛店ばかりです。

全県下にチラシをまいたが効果なしの実例があります。テレビCMを見たお客が、一〇〇キロ離れた先から見積を依頼してきたとしたら、本当に行きますか。別に詳しく触れますが、いま流行のインターネットにホームページを立ち上げれば、日本国中から引き合いが来てもおかしくないのですよ。

ある日突然、隣組の一軒に大手企業の養生シートがぶら下がって初めて建て替えを知ったといった話は珍しくありません。増改築と建て替えが本命になっている今日、それだけの顧客のストックがない大手企業は、営業活動を活発化します。ということは、工務店のお得意先に殴り込みをかけてくることを意味します。大手のセールスマンが〝とてもそこまでは〟と音をあげるまで、徹底的にお客のお守りをする、それ以外に大手との競争に勝つ手段はありません。

〝こんな不景気になってから、何十年もご無沙汰しているお客回りをすれば、仕事欲しさに来たなと取られはしないか。それならば俺のプライドが許さない〟と粋がっている時代ではありません。まず、途絶えている過去のお客との人間関係を復活させることです。そして、徹底的に地元深耕作戦を展開して下さい。来年の今頃には、にこにこ顔でおられるでしょう。

アフターサービスと思うから、必要悪だとか、面倒だ、と感じます。今日引渡しをしたということは、一〇年先の増改築、四〇年先の建て替えの商談が今日から始まったのだ、と理解することです。つまり、アフターサービスではなく、ビフォアーサービスの始まりなのです。

それほど予算を必要としない、効果的な費用を合理化する方法がここにもありました。

③ＩＴ革命への対応

ＩＴ革命（情報通信技術の革命）についての記事が、毎日の新聞紙上に出ない日はありません。しかも日進月歩の変化です。ここでは、ＩＴ革命を合理化にどう活用するかについて考えて見ましょう。

・管理会計の必要性

企業は、過去から現在を通って未来へと永遠に歩き続けます。過去から現在までに、これだけの完工高を挙げ、これだけもうかった、だから税金をこれだけ納めなければならないといった視点で会計を論じる場合を〈税務会計〉と言います。その会計処理が、適正適法に行われているかといった視点で論じる場合を〈財務会計〉と言います。そして、過去から現在までにこの数値を得たのだから、今後の経営はこうしなければならないといった視点で論じる場合を〈管理会計〉と言います。

現在、会計制度そのものが世界水準に合わせるために大変革の最中です。キャッシュフローといって、現金の動きを決算書類に含めなければならない時代です。発生主義でなく現金主義（支払った時点で初めて帳簿に記載する）がまかり通っているのは建設業だけでしょう。

材料がすでに現場で使われているのに、帳簿には記載されていない、つまり計算上は原価に算入されておらず、その材料は宙に浮いているという、誠に不可思議な現状です。

現在ある会計帳簿では、損益状況も資金繰りの実態もつかめないので、経営者は「工事台帳」で工事別にかろうじて、それも一カ月遅れで推計しています。

木材や鋼材は相場の変動があるので、納品時には価格が入れられないとの妙な理屈で、価格の記入をしていない仕入れ先の納品書が現物と一緒に届いています。

税務会計の世界では、危なくて今日の経営はできません。経営者自身のアタマを管理会計のアタマにに切り替える必要があります。会計を常に整理して、経営の現状をいつも把握するのは、経営者の責任です。会計の知識がないから専門家である会計事務所にお願いしていますが、あくまでも委託しているのであり、経営者の責任は逃れられません。

最近のパソコンでは、伝票をインプットするだけで、あらゆる帳簿がきわめて短時間に作成できます。月次試算表までは社内で作成し、わからない場合や決算書作成と税務署との折衝を専門家の先生にお願いするべきです。万一資金ショートをした場合に、会計事務所が不足金を持って駆けつけてくれますか。キャッシュフロー（常時の資金の動きを把握する）まで自社で把握できなければ、今日の経営者としては失格です。

●ＩＴ革命は商売を変える

ＩＴ革命とは、情報に端を発して、人間生活のあらゆる部門を変えていきます。パソコンの前に座るだけで、銀行の入出金、株式の売買、振込み等が簡単にできるとは、三年前に話には聞いていても、現実に自分ができるとは信じていなかったのではありませんか。現在も姪が、インターネット上でベビー用品の商売をする、と準備を進めています。

今までの作業を機械化するのではなく、今までは手が及ばなかった仕事、まったく新しい仕事ができるのがＩＴ革命です。多少の投資は必要かも知れませんが、最近はリース利用も簡単です。

二〇〇〇年三月一九日、日経新聞朝刊に旭化成がＮＥＣと共同で、インターネット上で住宅建材を売買できるサービス運営会社を設立することで合意した、との記事が出ていました。全国の信用金庫と提携し、受発注から決済まで可能な仕組みを構築する、としています。イメージ図が掲載されていますので、借用してお見せします。

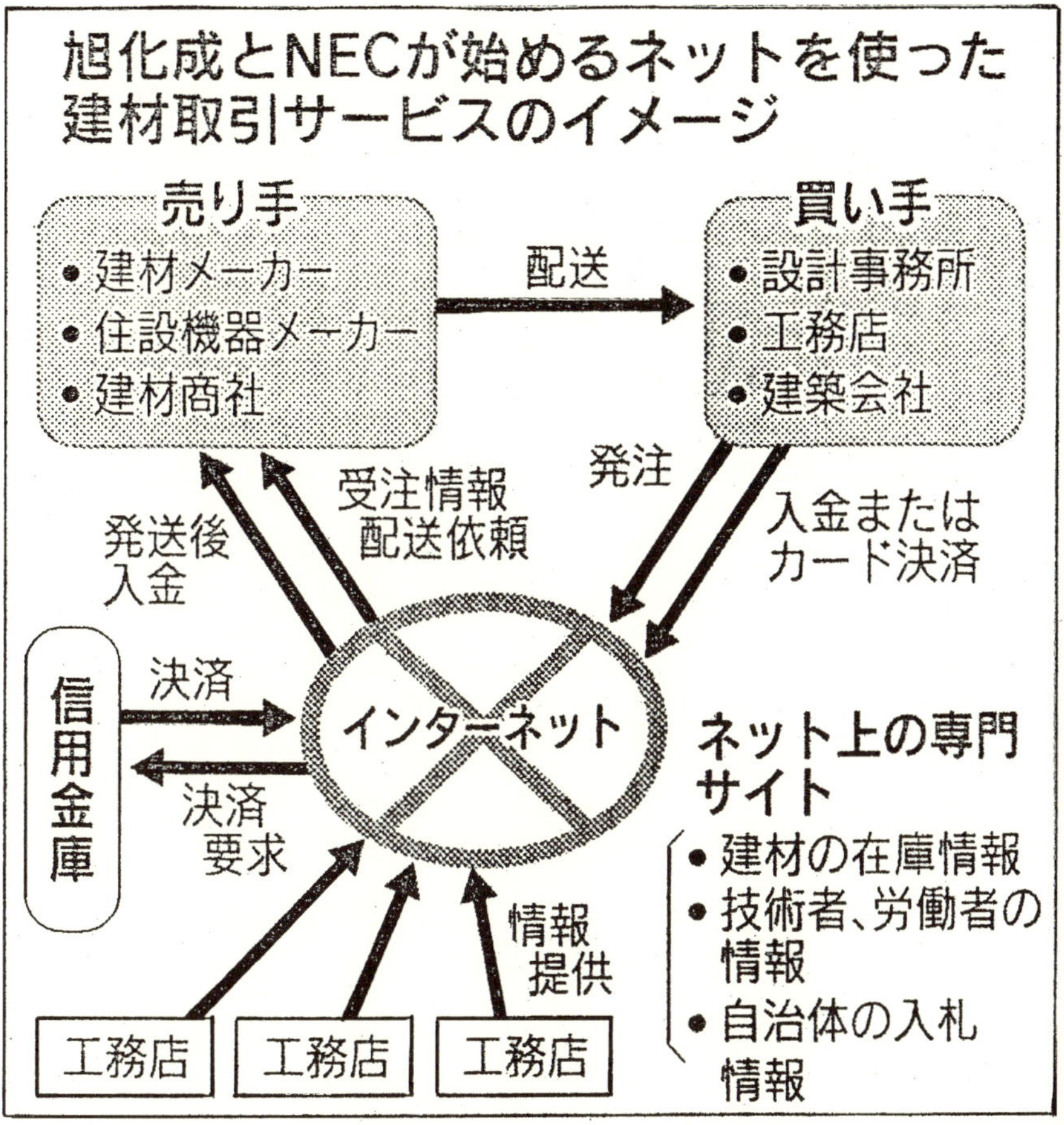
旭化成とNECが始めるネットを使った
建材取引サービスのイメージ
売り手
・建材メーカー
・住設機器メーカー
・建材商社
配送
買い手
・設計事務所
・工務店
・建築会社
発注
入金または
カード決済
受注情報
配送依頼
発送後
入金
信用金庫
決済
決済
要求
インターネット
ネット上の専門
サイト
・建材の在庫情報
・技術者、労働者の
情報
・自治体の入札
情報
情報
提供
工務店
工務店
工務店

今後は、こうした動きが次々と表面に出てくるでしょう。ＩＴ革命は、このように従来の商売の仕組みを変えていきます。この時流にどう対処するかです。

合理化の威力を一番発揮するのがＯＡ機器であり、だからこそ「革命」とまでいうのです。でも考えようでは世はまさに戦国時代、面白い時代とも言えましょう。何事も正面から受け止め、逃げることなく前向きにプラス思考で考え、勇敢に実行すれば必ず道は開けます。

ＦＣ活動の目的

「工務店経営近代化方策の検討に資する調査・研究業務報告書」（平成八年二月建設省住宅生産課）に工務店のＦＣ（フランチャイズチェーン）と工務店の取組みについて、調査研究の資料が出ています。資料としてはちょっと古いのですが、その後の建設省工務店施策の基本資料にもなっていますので見ておきたいと思います。詳しくは図表を見ていただくとして、気の付いた点を指摘しておきます。

①加盟工務店

年間住宅供給戸数五〇戸未満が四〇パーセント、一六戸以上が四四パーセントと、どちらかと言えば、家業から企業になりつつあるクラスが多いようです。

②入会動機

営業力強化、商品を求めてが六〇パーセント前後と、受注に苦労している様子がよく表れています。次に資材購入と、直接的利益を求めての入会動機が目立ちます。

③地域独占販売権

過半数が地域独占権を与えています。誰でも何処でも自由な競争、が今の時代です。どのような独占内容なのかはわかりませんが、その甘さが気になり、同時に気に入りません。

④加盟工務店への支援機能

本部の支援機能としては、営業・販売促進支援、生産・施工支援、情報・研修支援と設計・開発支援が圧倒的に多いようです。〇〇工法なるソフトとハードを広めようということでしょうか。経営支援が三七パーセントと低いのが気になります。工務店の希望が少ないのか、本部にその力とノウハウがないのか。経営の問題点を改善せずに販売促進をかけたために、資金ショートした例をたくさん知っていますので余計に心配です。

⑤FC戸建住宅の特徴

高断熱・高気密が断然多いようですが、一種の流行か、と言ったら叱られるでしょうか。高

住宅ＦＣ本部の概要

設立年

●1980 年以降の設立が 67.3％
- 80 年以前 ‥30.4％
- 80 年代 ‥47.8％
- 90 年代 ‥19.5％

設立年

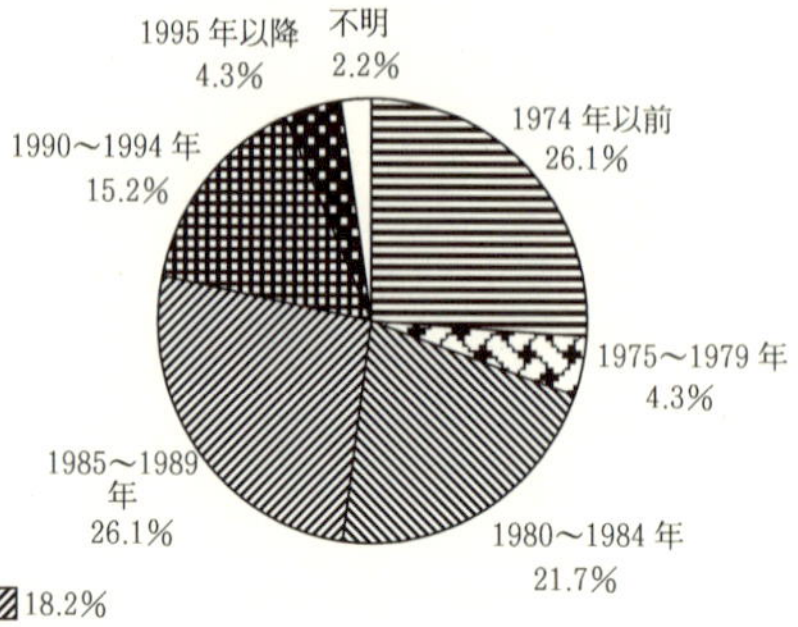

平成６年度売上高

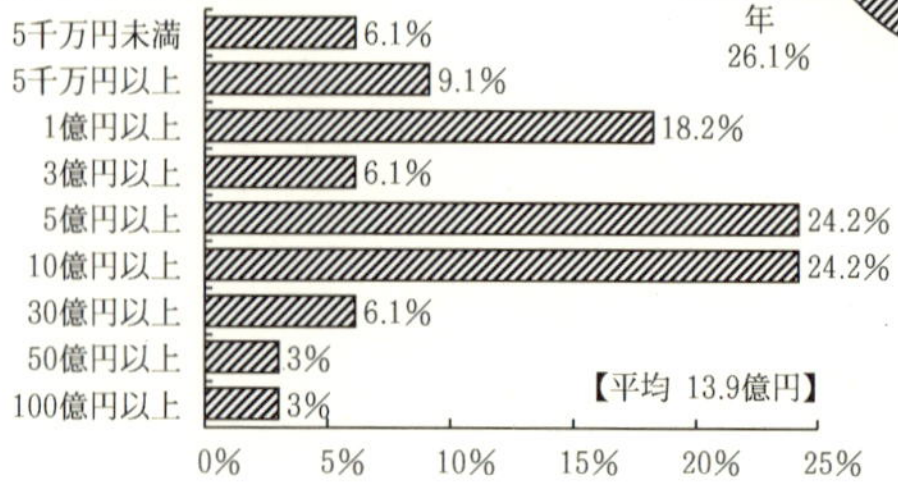

退会会員数

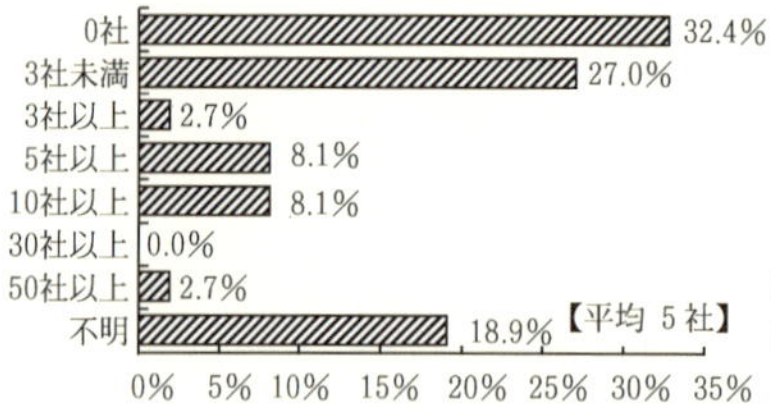

住宅 FCの戸建住宅年間供給戸数（平成６年度）

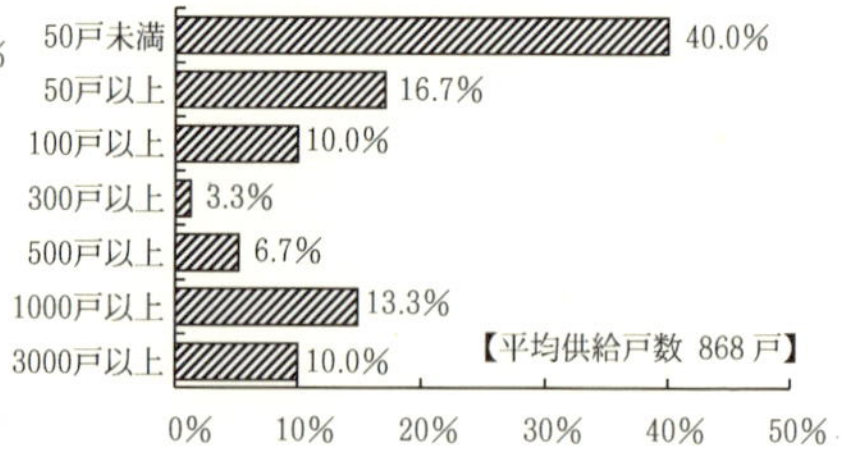

加盟工務店の年間戸建住宅供給戸数

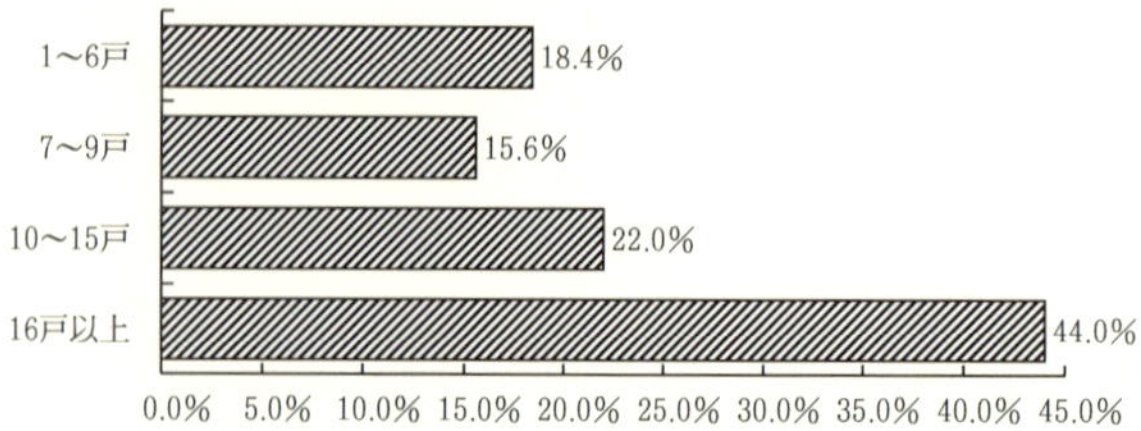

住宅ＦＣ本部と加盟工務店との契約内容

加盟工務店の入会動機

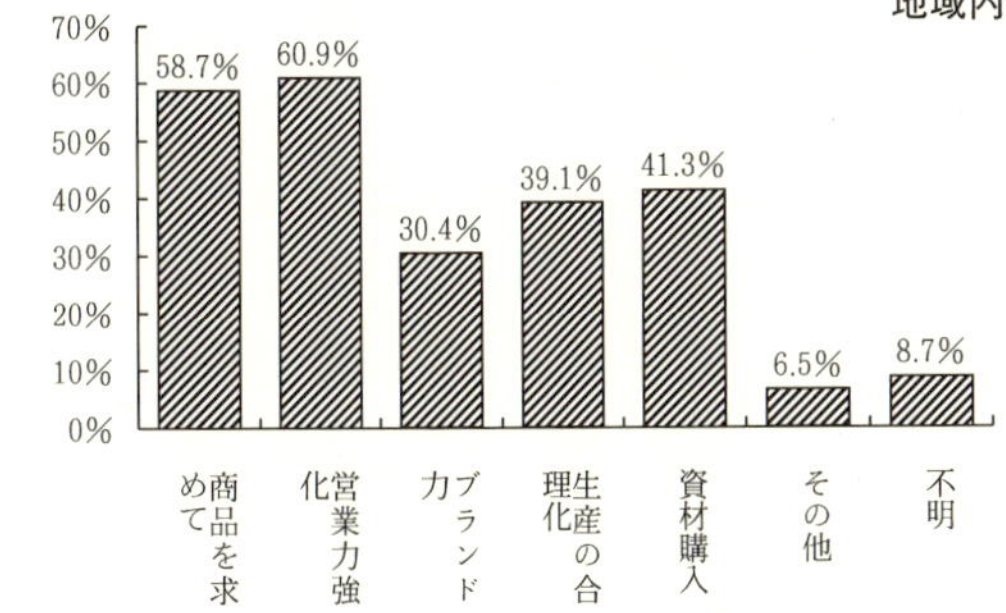

地域内独占販売権（テリトリー制）の有無

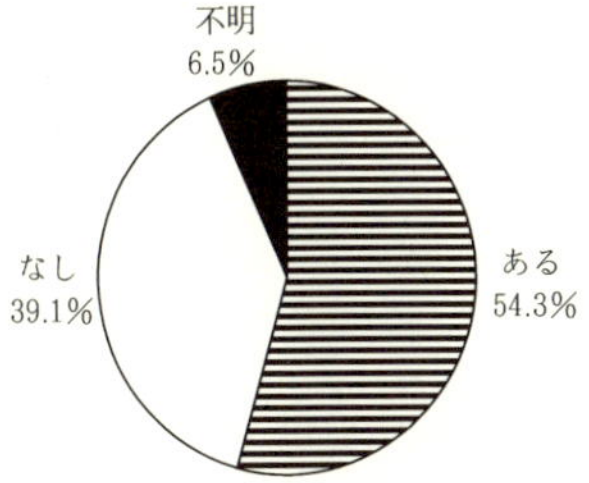

契約更新条件

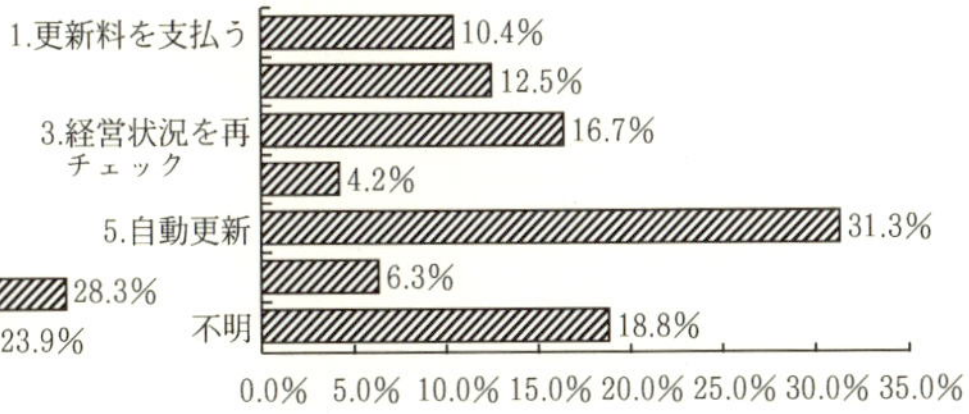

入会時必要資金

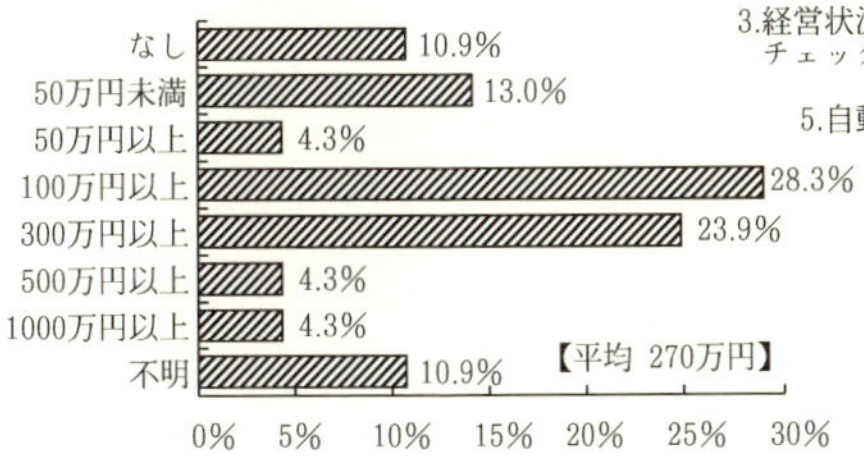

加盟工務店の支援機能

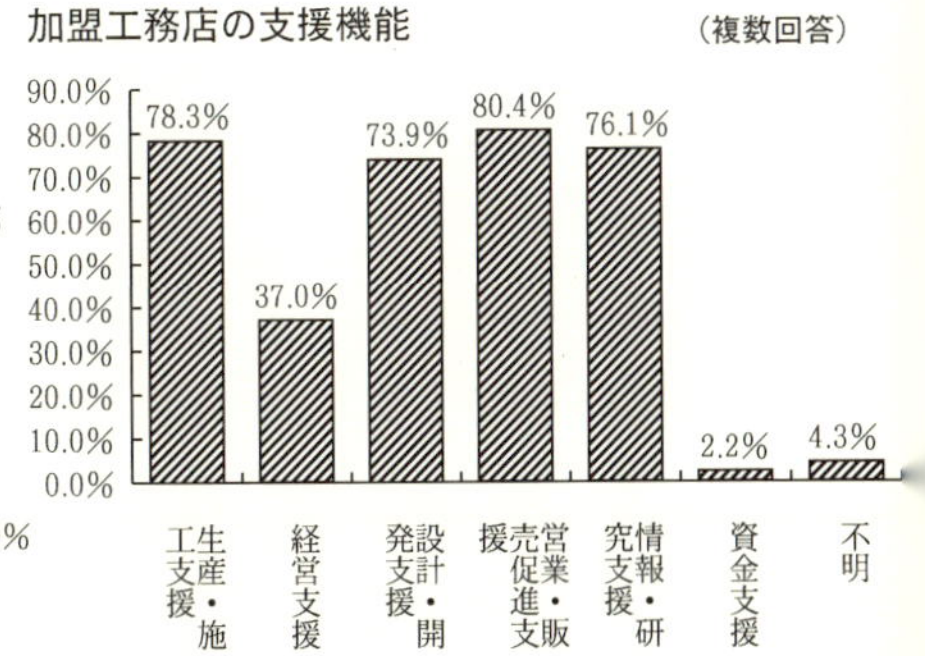

年間負担資金

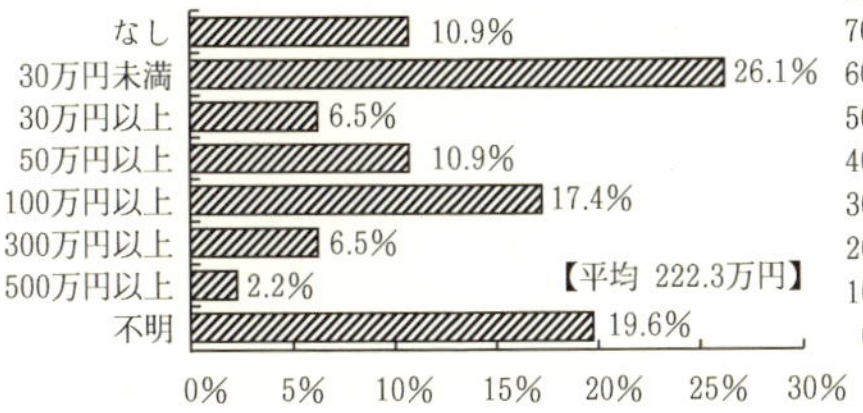

加盟工務店に提供される住宅商品と資材

採用している工法

（択一回答）

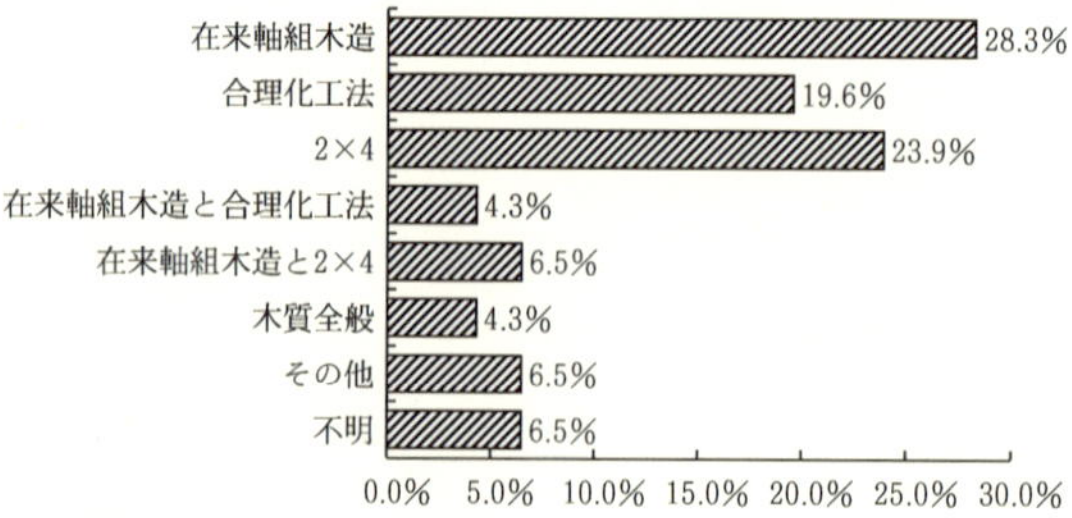

FC戸建住宅の建築費

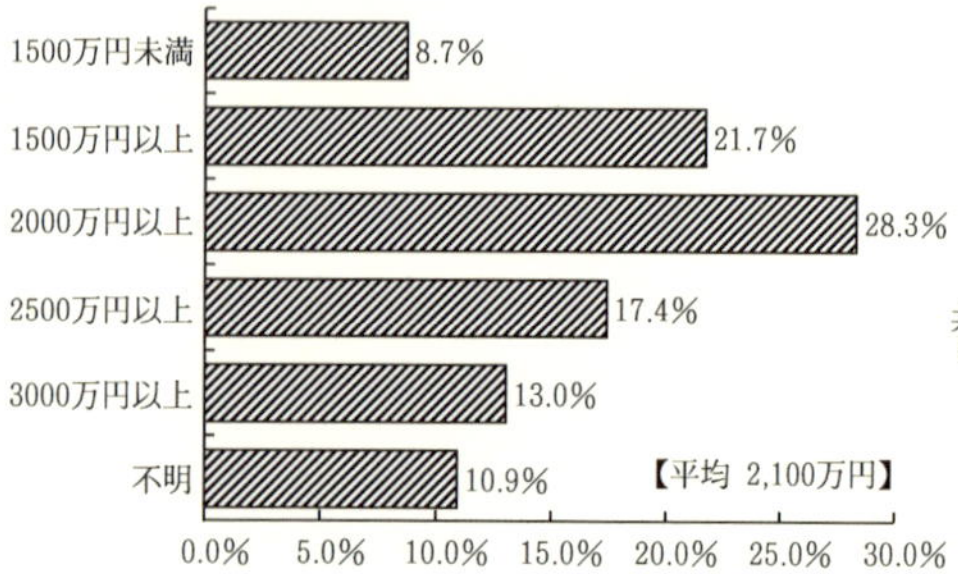

資材の共同購入の有無

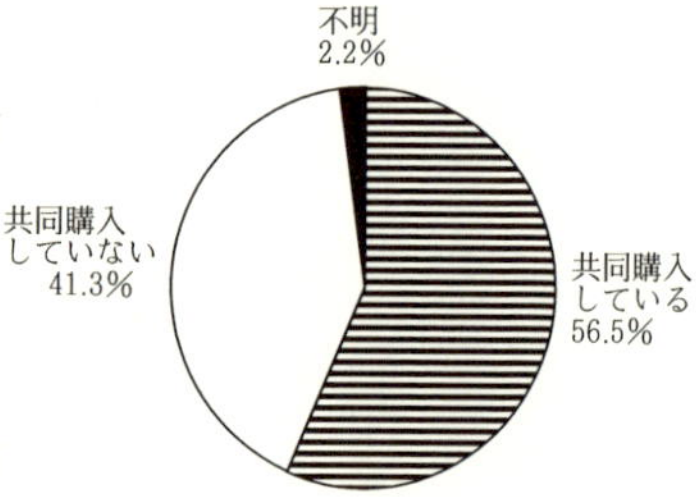

FC戸建住宅の特徴

（複数回答）

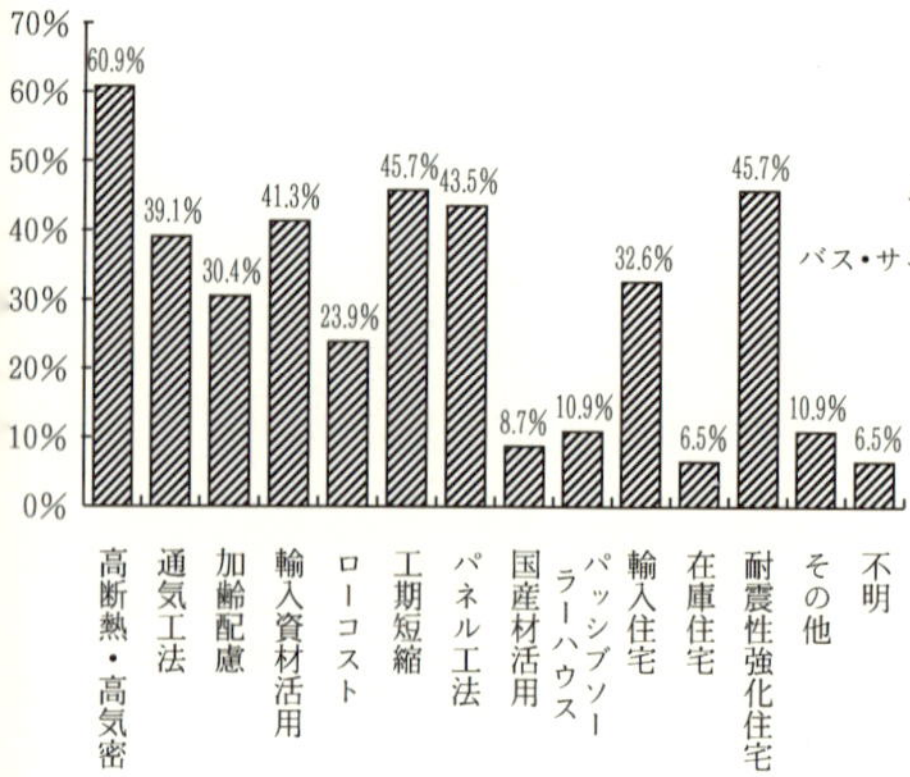

資材の共同購入割合

（複数回答）

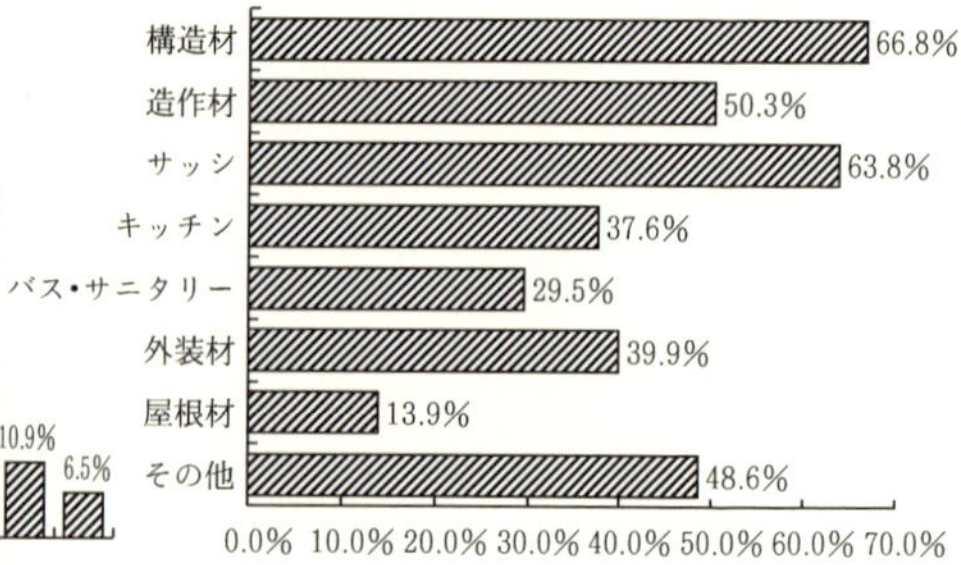

今後の展開に対する住宅ＦＣ本部の意義

設計の合理化　（複数回答）

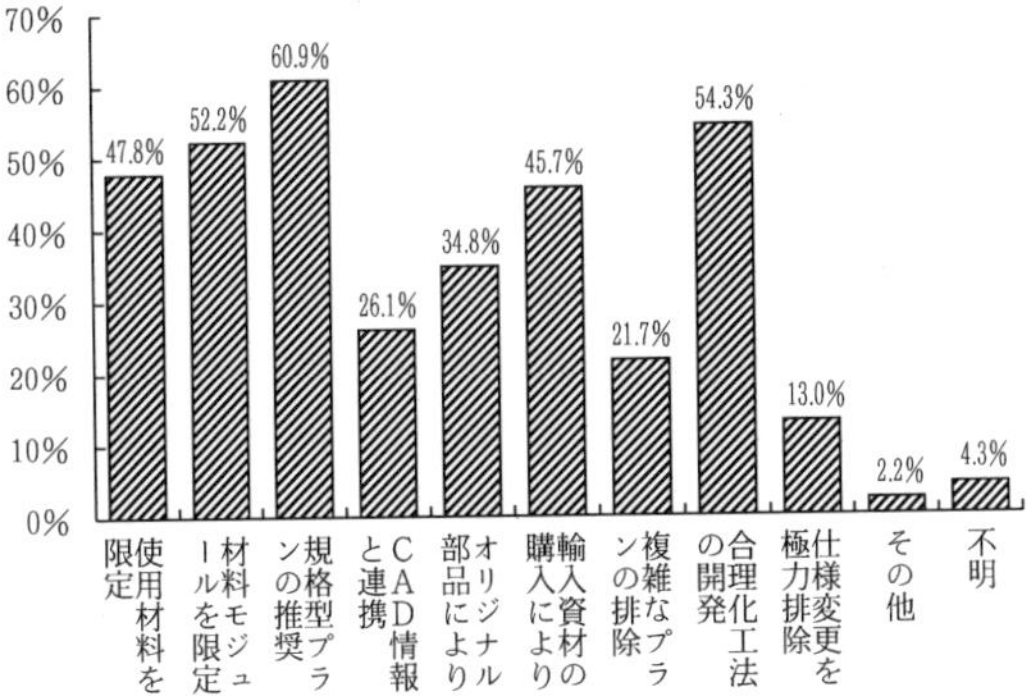

施工の合理化　（複数回答）

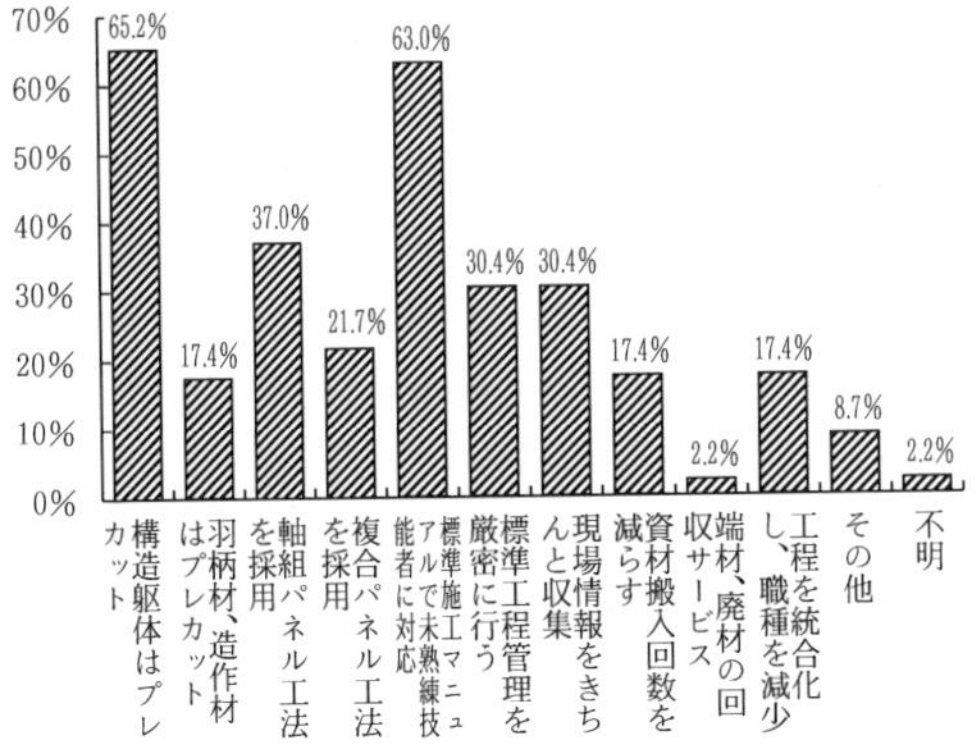

営業の合理化　（複数回答）

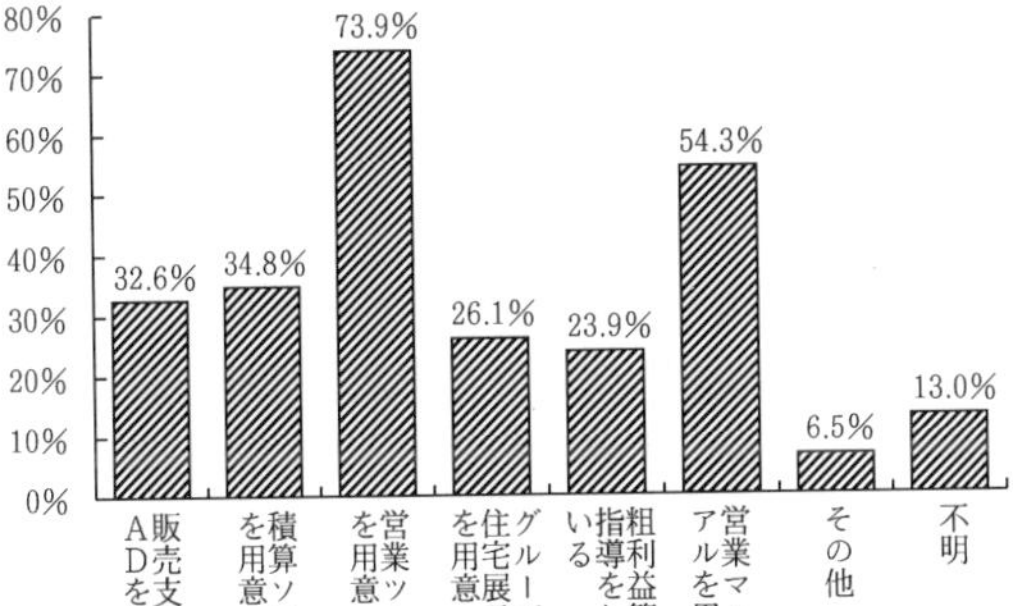

将来展開への指向性　（択一回答）

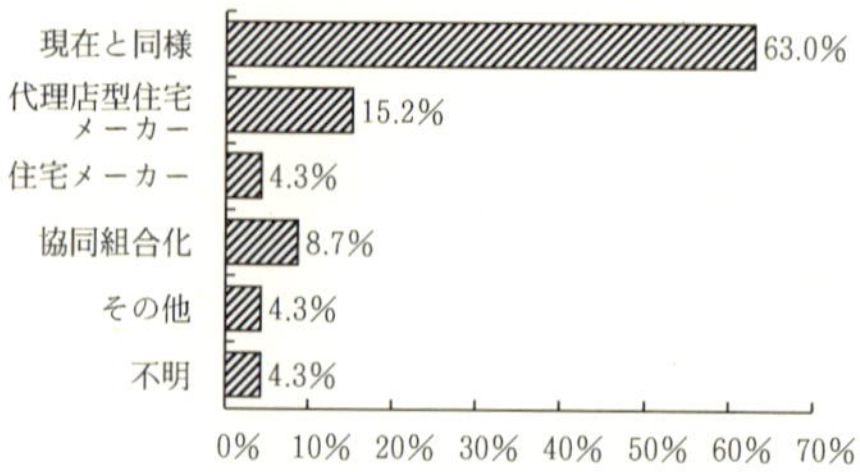

住宅 FC が根付くための必要条件（複数回答）

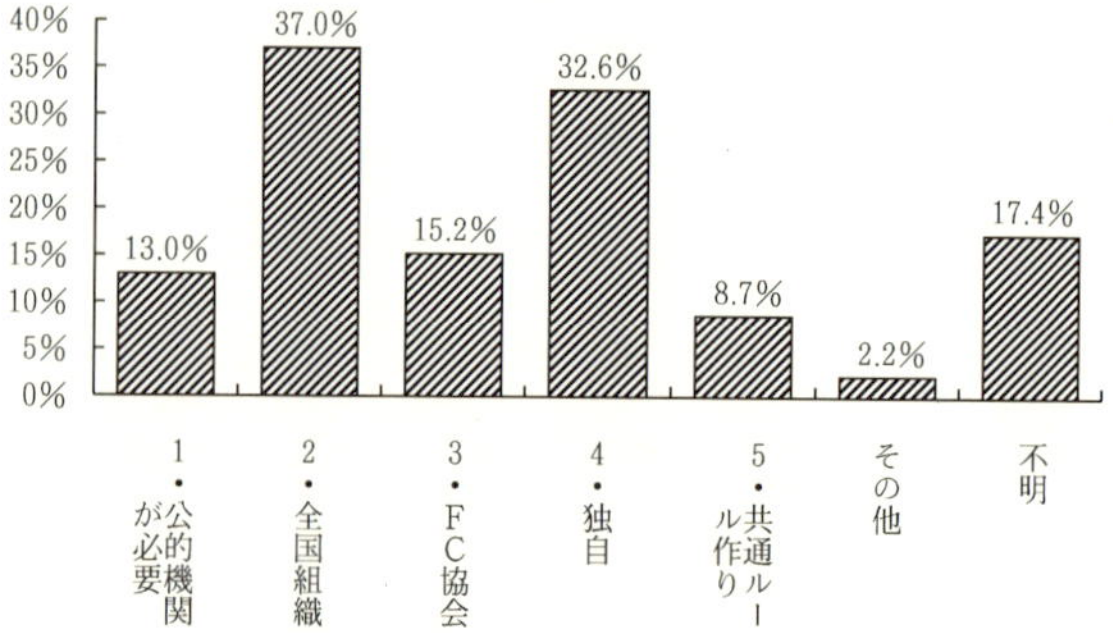

資材調達に関する現状と取組み

各種工事の発注形態　（択一回答）

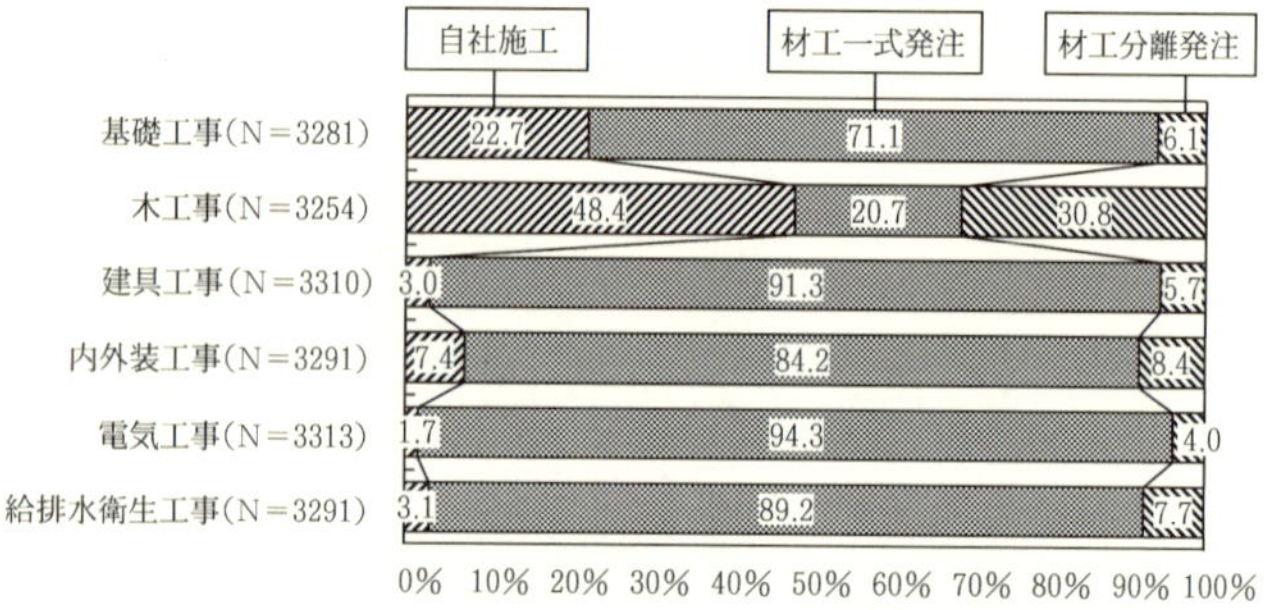

各資材ごとの主たる調達先　（択一回答）

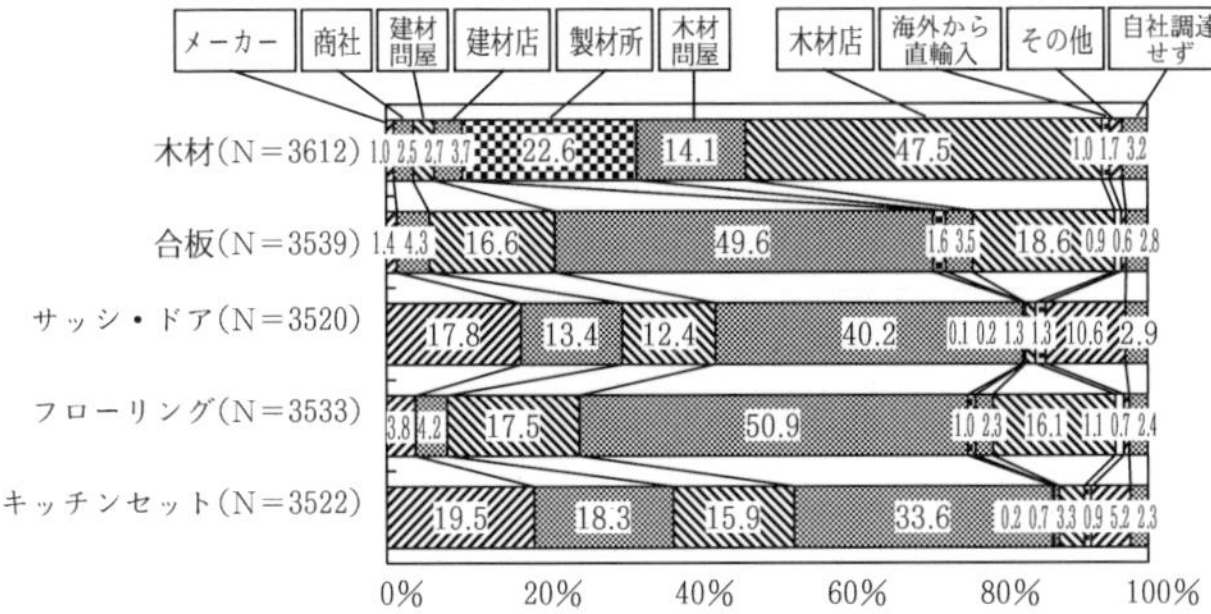

主要な資材の主たる調達先（工務店規模別）　（択一回答）

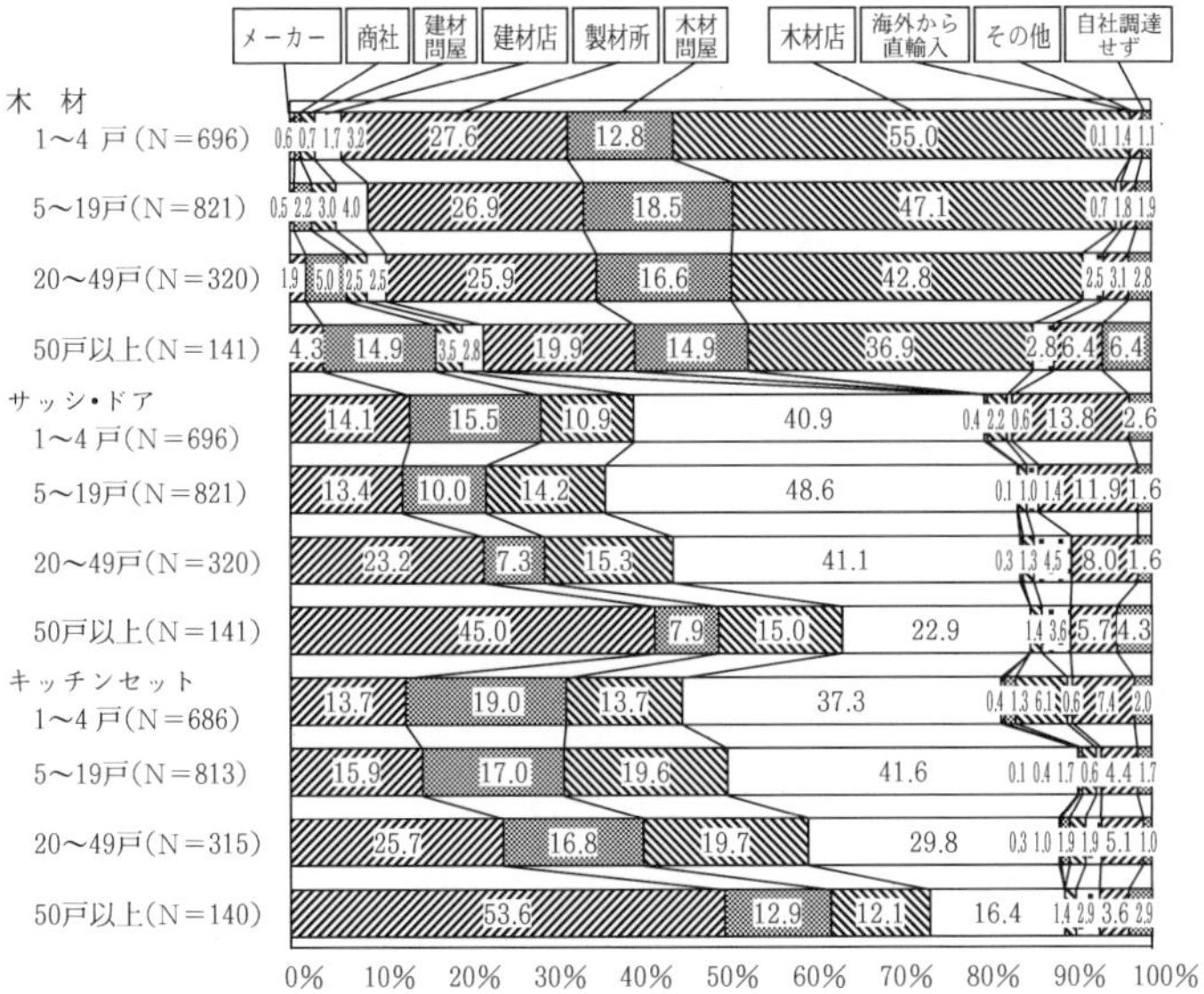

資材調達の合理化に関する取組み（工務店規模別）（複数回答）

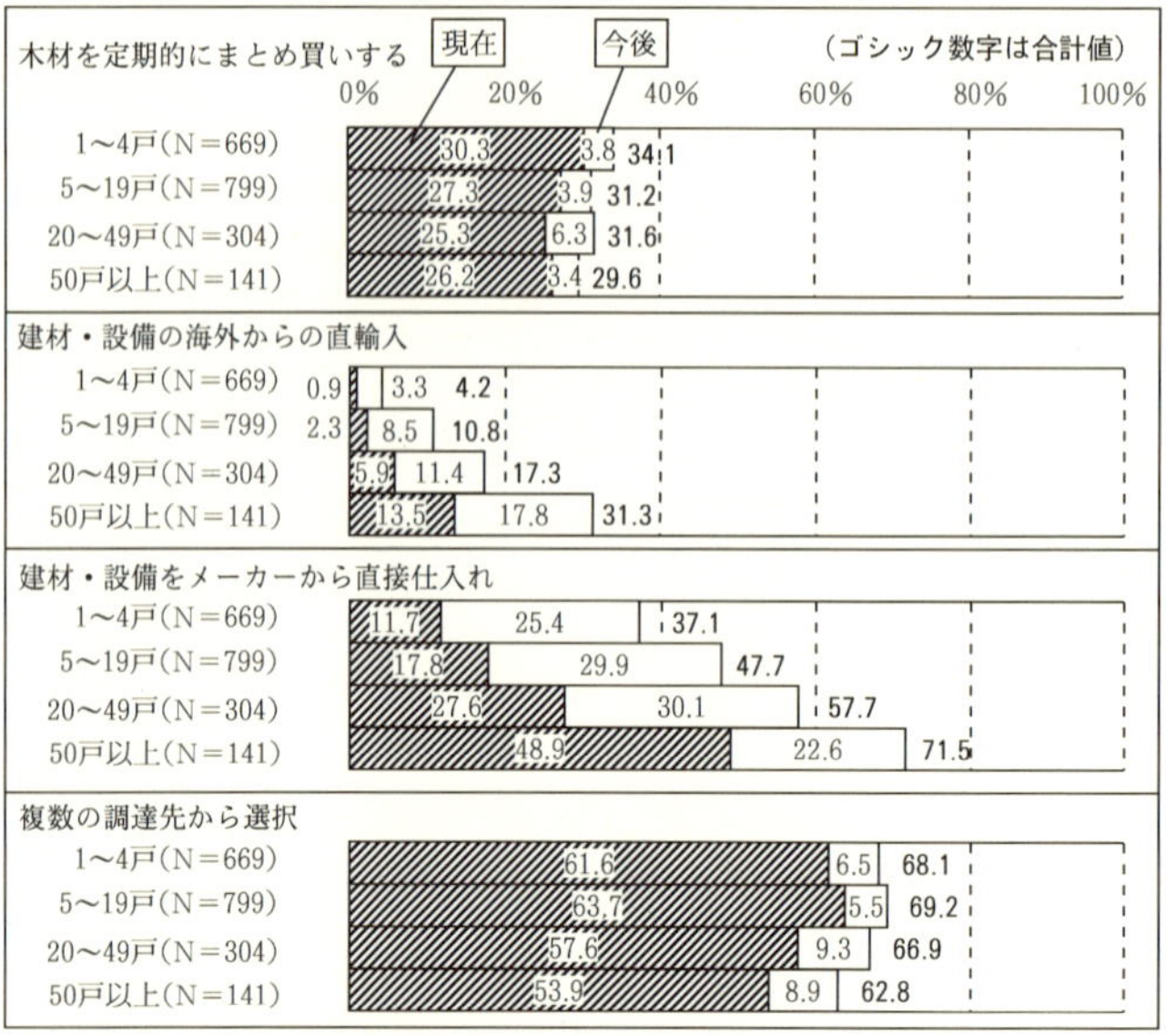

資材調達の合理化に関する取組み（複数回答）　（ゴシック数字は合計値）

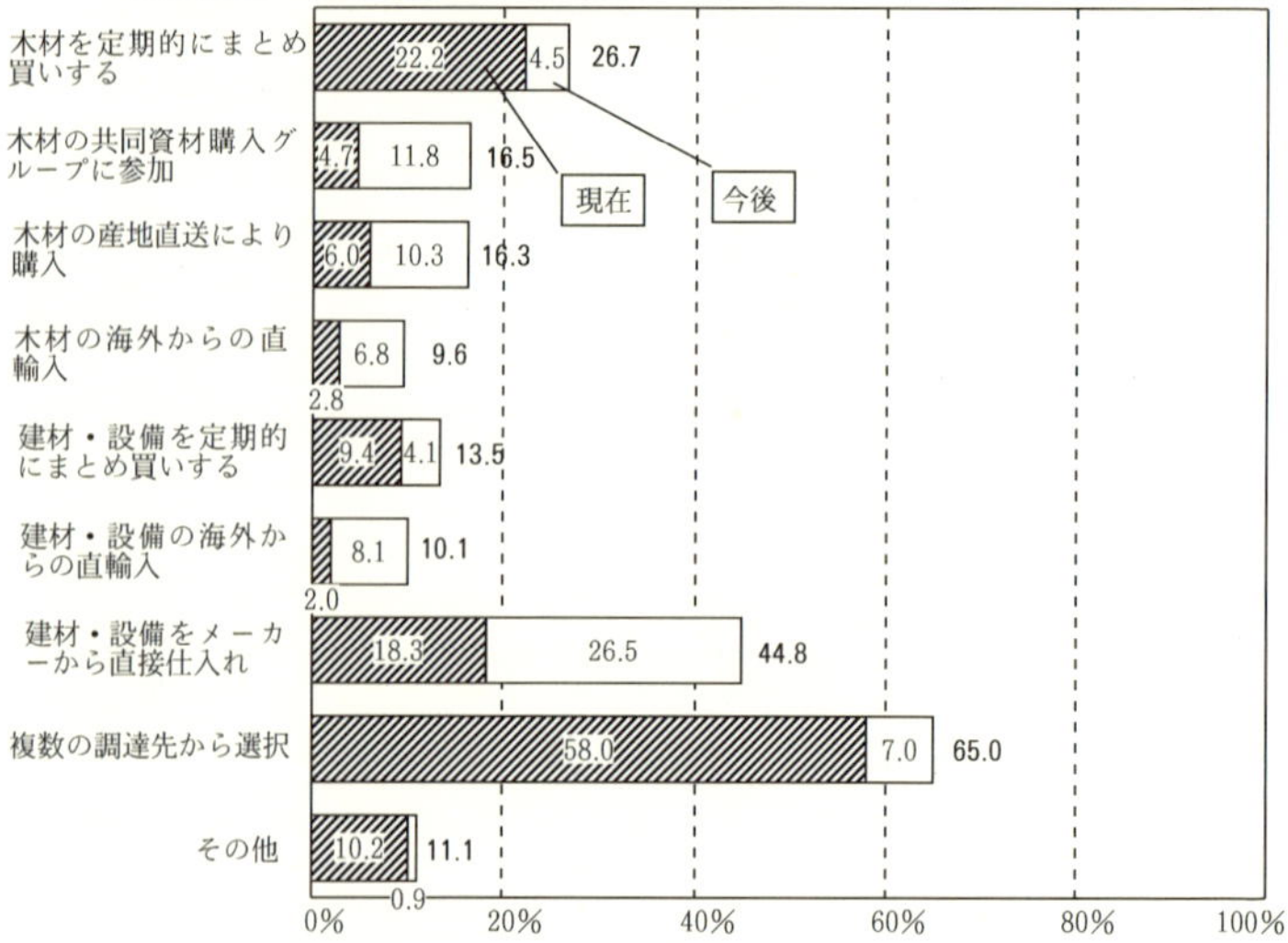

工務店経営近代化方策の検討に資する調査・研究業務報告書（平成8年2月建設省住宅生産課）より

断熱は絶対といってよいほど必要です。それに、工期短縮が案外少ないですが、これからのコストダウン対策は万全なのでしょうか。

⑥資材の共同購入

構造材は理解できますが、サッシの比率が大きいのには、正直言って驚きです。サッシの住宅価格に占める率を考えると、なぜ共同購入の対象になるのか、共同購入して住宅原価がいくら下がるのか疑問を抱きます。

なお、FCや協同組合では、すぐに共同購入をしたがりますが、安く買えばもうかるというのは、多くの場合は錯覚です。共同販促が先行して、はじめて共同購入が成り立つのです。でないと、共同購入でせっかく安く買っても、在庫が増えて利益の固まりが商品に化けて倉庫で居眠りしています。

また、工務店では現場配送が多いので、一単位の商品を、一〇工務店で一〇単位まとめてでは、売るほうには魅力がありません。一〇工務店で、今までの一〇単位が一五単位になるなら、売るほうにも魅力が出ます。共同販促が先行しなければ、共同仕入れは成り立たない理由をおわかり頂けましたか。

す。

⑦今後の展開に対する住宅FC本部の意義

設計、施工、営業の合理化をうたっていますが、FCの伸びが今ひとつの理由が見えてきます。

「誰のためのFCか」です。正直に業界内部を向いてのFCだと白状しているようなものです。ここには、FC活動がうまくいくことを目指していても、生活者の幸せを願う視点が欠落しています。結果として良い住宅を提供できるでは駄目なのです。

FC活動は、生活者のためを第一の意義、目的にし、そのために加盟工務店が何をするかです。はっきり言わせて頂けば、絶対に倒産の心配のない工務店をどう育成するかが、生活者の最大の関心事です。設計、施工、営業の合理化は、そのための手段に過ぎないことを自覚して下さい。でなければ、今後もFCに大した期待はもてません。

どうも「良い物を造れば売れる」から脱却できていません。良い物を造るのは当たり前のことです。「お客が欲する物を売れる価格で造る」時代です。

売上げ—原価＝損益でなく、お客の納得する価格（売上げ）—適正利益＝原価、の時代に変わっています。

乾いた雑巾をさらに絞り上げるので有名な製造業では、この問題はとうに卒業しています。

これだけ不況が続いても、輸出を中心とした製造業、特に先端技術をもつ工作機械や必須部品工業はびくともしていません。不断に構造改革を進めて国際化に努力した業界と、何もしていなかった業界の違いが今出ています。金融、流通などのサービス産業や非製造業のあわて振りは、決して他人事ではありません。

マネジメントセンターとは

住宅産業システム全体が、時代変革の嵐の中でもみくちゃにされています。長年、住宅建築の中核体であった中小工務店は、あいも変わらぬ古い体質のままで右往左往しています。中小工務店を得意先とする木材店、建材店、住宅設備業者等々は、売行き不振でへたをすると共倒れも冗談とは言えない状況です。

それならば、と生活者に直結して活路を開こうといった動きが全国で見られますが、うまくいっている例は滅多に聞きません。工務店の注文を受けて現場に配送しておればよかったのが、生活者に直接接してみて、そのわがままに付き合いきれないといった悲鳴も聞きます。

主婦の七〇パーセントは何らかの仕事をしているとの統計資料もある通り、昼間に訪問して

マネジメントセンター構想
機能システム図
┌─────────────────────── 生 活 者 ───────────────────────┐
│   │
│   ┌──────────┐   ┌──────────┐   ┌──────────┐   │
│   │木材店・建材店│   │中小建築工事業│   │ 専門工事業 │   │
│   │ 等流通業 │   │   │   │   │   │ ┌──────────┐   ┌──────────┐   │
│   │マネジメント│────│部品メーカー│   │
│   │ センター │   │   │   │
│   └──────────┘   └──────────┘   │
│   │
│   ┌──────────┐   ┌──────────┐   │
│   │ 事 務 局 │────│経営計算   │   │
│   │   │   │ センター │   │
│   └──────────┘   └──────────┘   │
│   │
│ ┌────┐ ┌────┐ ┌─────┐ ┌─────┐ ┌─────┐ ┌──────┐   │
│ │経営管理│ │物流管理│ │加工センター│ │物流センター│ │検査センター│ │生活者対策│ │
│ └────┘ └────┘ └─────┘ └─────┘ └─────┘ └──────┘   │
│   経営計画 物流費分析 共同加工 共同仕入 専門検査員 アフターサービス│
│   管理会計 工程計画   複合部材 研究開発 チェックリスト 顧客管理 │
│   教育訓練 工程管理   倉庫   製品情報   生活態様   │
│   作業管理 配送管理   配送   調査研究   │
│   研究開発   保健所   │
│   コンビニ   │
│   現場見学会 │
│ ┌────┐ ┌──────┐ ┌─────┐ ┌──────┐   住宅教室 │
│ │MC支援│ │省庁・自治体│ │金融保険│ │情報受発信│   シュミレーション│
│ │グループ│ │各種研究機関│ │ 機関 │ │ センター │   │
│ └────┘ └──────┘ └─────┘ └──────┘   │
│   情報支援   金融支援   マスコミ   │
│   企業戦略コンサルティング ローンタイアップ 市民グループ   │
│   会計支援コンサルティング   │
│   教育訓練コンサルティング   ＊部内 □ 部外 □   │
│   │
└───┘
130

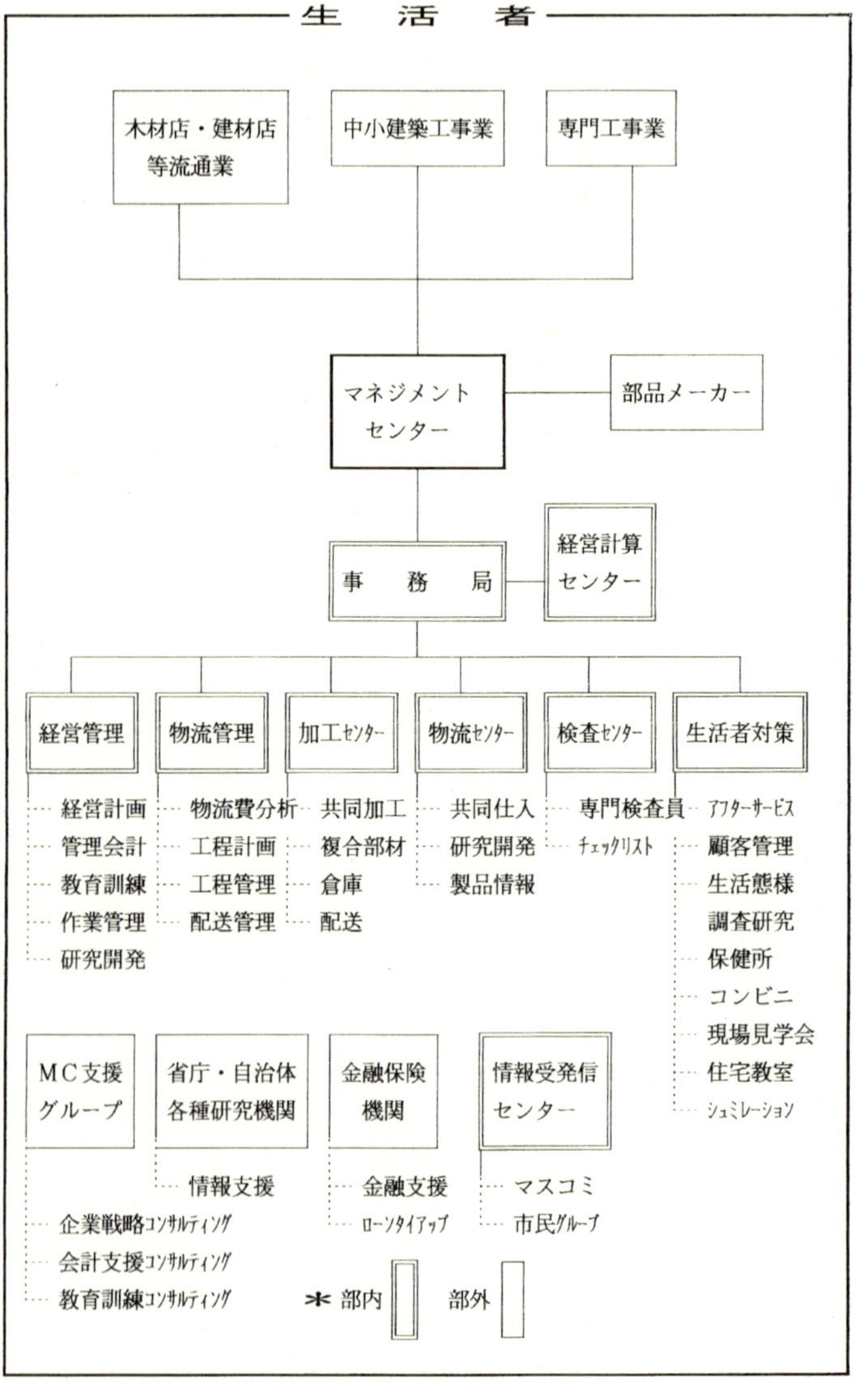

も留守か子供だけ。日曜祭日がかき入れ時といっても、流通業は今までは休んでいました。お客の家族全員がそろう団らんの時間、つまり夜間訪問も必要になります。生活者と直結を図る流通業には、深刻な労務問題が発生している例も少なくありません。

それに、商売が忙しい時期は本来の仕事に、暇になれば生活者を回れでは、成績があがるはずもありません。

流通段階で思うように売ってくれないからと、生活者との直結を図ったり、工務店に直売するメーカーも出始めました。経営内容が危ないからと、流通店が避けていた工務店に直売して不良債権をつくり頭を抱えている例も少なくないとも聞いています。生活者との直結も、多額の固定経費のかかる大企業では、なかなか採算がとれません。

こうした混乱の中でプレハブ、ツーバイフォー等の大手住宅メーカーは暴れ回っていますが、政府が期待するほどには普及率が伸びません。総務庁の「森林とみどりの調査」によれば、〝事情が許せば在来の木造住宅に住みたい〞がいつの調査でも七〇パーセント前後あります。日本人のDNAに木造住宅への郷愁が刷り込まれているのではないか、と思うくらいです。

前項までに見てきたように、経営近代化、コストダウン、生活態様変化の察知、生活者対策、どれも必要であり、解決の方向も見えています。でも、一社で、一業界で、解決を図るのは根本的に無理を感じます。

それならば、住宅産業システム全体で解決を図ろう、とするのが「マネジメントセンター（以下ＭＣと略す）構想」です。

1　誰のためのマネジメントセンターか

①ＭＣの目的

〈生活者の住生活の幸せを心から願い、実行する〉を目的にするのがＭＣです。心から願うとは、万一生活者と利害が対立するときは、躊躇なく生活者の利益を優先する、という意味です。主権者は生活者であり、生活者がすべてを決定します。

経営者も従業員も、給料はお客さんから頂いていることを肝に銘じて下さい。これから事業内容などを詳しく書きますが、それらは生活者に幸せになって頂く手段であって、自社の利益を優先するような、目的と手段をはき違えることのないようにお願いします。

ＭＣの活動により、以前より利益が増えたとしましょう。努力報酬として業界側には半分潤い、後の半分は生活者に還元するくらいに徹底して生活者のほうを向いた組織でなければなりません。

②住宅産業システムの再構築

土地、主要構造材としての木材、鋼材、造作材や左官、電気、サッシ、ガラス、屋根、内外装、設備、家具から造園、さらに住民登録にいたるまで、それぞれのメーカーや商売人、施工業者、その他ソフト、ハードの専門家が集まり、各々の職務職能を発揮して住宅は建てられています。このように、いろいろの職種、業種が集まってモノを造りあげる組織を「システム」と言います。住宅産業は、典型的なシステム産業です。

これら各業種をどう組み合わせ、各部署で何をするのが一番良いかを考え、机上論でなく、関係する人や機関が実際に動こう、その過程で従来の慣習やしきたりに抵触することも予想されますが、一度ご破算にしてでも構築し直す勇気と実行力を持ちましょう。

従来は、メーカーから生活者への流れを当たり前と考えてきましたが、〈生活者―工務店（生活者との接点の企業）―流通業―部品・設備メーカー―基礎材料メーカー〉の流れが一番効率良く機能する経済的な方法を検討したいのです。

2　マネジメントセンターとは何をするのか

①ソフトのみか、ハードも含むのか

住宅産業システムの再構築を研究し、方向を示し、実行の具体策を考える、にとどめるのか、実際行動にまで踏み込むのか、の問題です。実効を挙げなければ意味がない、当然ＭＣが実行部隊の先頭に立つべきとの議論は、心情的には理解できます。

でも、それでは軌道に乗せるまでの毎日の商売との関係はどうなるのか、当然の疑問が出てきます。もうかる商売は、自社が単独でこなしてしまう場合もあるかも知れません。

趣旨まことに結構、必要ならば金も出す、でも毎日に追われて時間がない、と将来のために保険をかけておいて、軌道に乗るようなら参加する、といった人はどこの世界にも必ずいます。時間も取れない人に、権利だけを主張されるのが一番困ります。様子を見てからといった声が出るのは、やはりどこかに根本的な無理があるからだと思います。

私は初めからソフトだ、ハードだ、と難しく決めずに、実行可能なことから、その地方事情に無理が出ない柔軟な出発をすればよいと思います。つまり、これならばできるというなら、ＭＣで商売を始め、平行して次の手段方法を考えて（ソフトの世界）、辛抱強く続ければよい

と思っています。休みなく少しずつ前進を続ければ、いつかは目標に到達します。

②各企業はパートナーの関係

従来はメーカーが流通業を、流通業は工務店を、商品を通じ、資金繰りの面倒も見て、自社の商売に有利な関係を築く努力をしました。いわゆる〈系列化〉です。

ＭＣでは、加盟企業が自社が専門とする、あるいは得意とする技術技能を提供し合って、お客が望む良質の住宅を適正価格で建築します。必要に応じて、お客のプラスになると思われるアドバイスも行います。そこには、上下の関係はありません。

つまりＭＣの加盟企業は、お互いに〈パートナー〉であって平等です。

今までお世話になった、面倒をかけたといった事柄へのお礼や仁義は、すべてＭＣ業務を通じて解決していこう、というのです。

例えば、「こういう厨房機器が欲しい」とします。従来関係のあった厨房機器メーカーと交渉しても、どうしても話し合いがつかない。そんなときは、希望する性能、仕様、価格、数量、希望納期等を、インターネットを通じて公開の照会をします。瞬時にこの照会は、全世界の関係メーカーに届きます。続々と世界中から返事が届く、といったことも決して夢ではありません。今日ではごく普通のことなのです。素人がインターネットを通じて、パリからブランド商品を共同購入している新聞記事をご覧になったことがおありでしょう。こうしたこともできる組織をつくればよいのです。

前項で、ソフトだけか、ハードも行うかと論じたのは、こういうことです。MCで、加盟企業に「こうすればパリのブランド商品が買えます」といったことを研究し、その情報を提供するのがソフトの世界、共同購入まで実行するのがハードの世界と理解して下さい。

3　加盟企業の経営近代化を実現する

①経営管理の総括

だれも経験したことのない時代に巻き込まれています。何としても生き残らなければなりません。お客に永遠に迷惑をかけないために、加盟企業は孫子の代まで住まいの良き相談相手である立場を守る社会的使命があります。加盟企業がすべて生き残る支援を行うのが、MC本部・支部の第一の使命です。

・経営方針の確立と経営計画作成

これからどのようなお店づくりをするのか、その根本方針を決めます。元請の設計・施工で新築専門、新築と増改築を混合、リフォーム専門、アパート・マンション専門等、いろいろと将来の夢があるでしょう。そのためには地域環境、競合他社の現状を知らなければなりません。市場調査が必要になります。

もうけ第一主義では、若い社員が〝うちの会社には先々の夢がない〟と辞めていくかも知れません。何も難しく考えることはありません。五年先にはこんな会社にしたい、そのための具体的な夢を描きましょう（順不同）。

・顧客第一の経営姿勢が認められて、受注の八〇パーセントは紹介と再注文である。
・車で一時間以内の範囲を「お家の無料診断チェックリスト」により深耕して、地域内施工件数シェアは第一位になっている。
・他社と提携して開発したシルバーケア型住宅が、当社の代表モデルになりつつある。
・従業員の給与は、地域同業他社に比べて第一位である。
・二〇〇五年度の顧客満足度評価点八〇点。
・二〇〇五年度の受注額一五億円、従業員数は三〇名、経常利益率一二パーセント。

五年後の夢を実現するためには、三年後、一年後はこうなっていなければならない。そのために今日何を解決しておかなければならないかが、具体的に見えてきます。

誰にもわかる共通語は、数字です。年間の受注額、完工高、経費、回収、支払い、投資計画等を一覧に表すのが〈経営計画書〉です。

一社単独での作成は難しい企業が多いと想像されます。MC本部・支部で手伝い、必要により支援するのが、仕事の重要な一部になります。

もちろん、計画と実績のチェック、そして差異の分析と対策の立案が絶対といってよいほど必要です。と言うよりも、そのために計画書を作成し、チェックするのです。

パソコンその他、OA機器の活躍の場です。前に書いた税務会計か管理会計かが、具体的に真価を問われる場でもあります。

●MC事業としての経営計算センター

前項で税務会計と管理会計のドッキングの必要性は、おわかり頂けたと思います。しかし、実際問題としては、必要性は理解できても人材、能力、知識等で実施は不可能に近いことのほうが多いように思います。だからこそ会計事務所に全面依存している、あるいは現在の顧問会計事務所に満足しているわけではないが、バブル景気の時に痛いところを握られていて、今さら替えるわけにもいかないといったこともあるかも知れません。

顧問の会計事務所とよく話し合って下さい。〝任せておきなさい。悪いようにはしないから〟と一向に改善してもらえないようなら、真剣に考えなければなりません。

ＭＣ本部・支部に弁護士、公認会計士、税理士、中小企業診断士等の専門家と、本当に必要な業務を共同契約して支援してもらえばよいのではありませんか。私はＭＣ業務として〈経営計算センター〉の設立、運営を提案します。こうした考え方に賛同する先生方は、積極的に応援して下さると信じます。

なお、〈経営計算センター〉は単なる会計の計算センターではなく、ＯＡ機器を駆使してあらゆる業務に活用するもので、ＭＣの心臓部門になるでしょう。

②経営管理のノウハウ

•原価の把握と管理

先に述べたように、工務店では現金主義で会計処理がされています。したがって、お金の動きでは工事途中の原価の把握が一カ月遅れになってしまいます。せっかく職種別に積算をして実行予算が組まれていても、その進捗状況が正確にはつかめていません。

後は、物の動きか、労働力の動きかでつかまなければなりません。在庫管理ができていない、棚卸しは税務署のために年一回、それも利益調整がからんで正確な数字がつかめていない、どこの現場で使ったかもわからなくなっている場合も多いのではありませんか。ウラ在庫品を使う場合もあり、帳簿には記載なしもあります。私は材料費がマイナスになっている実例を知っています。現実にそこに家が建っているのにです。正直に出庫伝票だけ書いて、入庫なし、でこんな結果になってしまったのです。社長は工事台帳なんて見たこともなく、指摘するまで気も付いていなかった珍しい例でした。

外注の率が高いのが、この業界の特殊性です。下請など出入り業者に作業日報を書かせるのは、きわめて難しいことです。

お金、物、労働力、どれもが当てにできないとなると、原価の進捗状況をつかむ方法は、工程計画の作成と厳格な工程管理以外にないのではありませんか。簡単な雑工事なら、目で管理もできましょうが、さあどうするかです。

最近は、アメリカから導入された〈CPM工程表・PERT手法による工程管理〉がわが国でも普及する動きがあります。アメリカではツーバイフォー工法が主流であり、しかも建売住宅による団地形成という、わが国から見て特殊事情はあります。

つまり、非常に標準化しやすいことです。わが国の在来工法の木造住宅は、自由設計に特色があります。つまり、標準化が難しいとも言えます。そう言いながらも、自由設計はせいぜい二〇パーセント、後の八〇パーセントは標準化可能とも言われます。今回は工程管理論が主意ではありませんので、詳細は省略しますが、最も研究を必要とする部門であることは間違いありません。部材の標準化、工法の標準化を精力的に進めて、この優れた手法導入の努力が必要です。

〈物流費用の合理化〉のポイントは工程管理にあり、定時定点の配送がはじめて可能になります。生活者に良質な住宅を適正な価格で提供する、コストダウンを徹底して、世界市場に負けない住宅を建築するといったMC設立の目的達成につながります。

●設計・積算

中小工務店の弱点の一つに、デザインが挙げられます。がっちりはしているが、どこかあか抜けしていないといった声です。生活態様の変化、若い世代の好みなどと工務店の時代感覚とのずれとも言えます。

いわき市の(株)平新さんでは、コンピューターグラフィックス（以下CG）により、この図面の家は洋風化すればこう、和風化ならこう、とテレビ画面で見られるソフトを開発されました。しかも三六〇度回転してどの方向からでも見ることができます。ソフトの開発費用は三〇〇〇万円とか。お得意先の営業活動に活用して頂こうというのが開発の目的だったのですが、実績はサッパリ。

岩国市のヨハネ建設さんでは、図面通りの手作り模型をお客さんに提示しておられます。木の切端やクロスのあまりなどを利用しての苦心作ですが、これならばと自信をもてる模型を作るまで五年かかったと聞きました。手作り模型を提示するようになって、合い見積を取られたり、値引き要請をされたりがぴたりとなくなったとか。営業マンゼロで素晴らしい業績を挙げている同社の陰の努力が垣間見えました。

木造住宅に強い設計事務所（案外少ないと聞きます）の支援を受けて、現代向きの住宅を共同開発して、CG利用や手作り模型制作もMCなればこそ可能です。

本来は工務店の仕事である木拾いや積算は、現在でも木材店、建材店の仕事にされています。ここでの見落しや計算違いはトラブルのもと、へたをするとクレームにつながります。MCで専門家を養成してはいかがでしょうか。

積算から実行予算、工程計画段階に入れば必要資材の必要時期も見えてきます。MCは工務店を支援してここまでするのです。工程管理までMCが行うことで、定時定点の配送が可能になります。

果たして、工務店で〈計画仕入れ〉ができるかが、この構想成功のカギを握っています。一工務店の仕入れは少なくても、三〇工務店の分を集め、地域割りをすれば、計画仕入れ、計画配送は必ずできます。どうしても〈計画仕入れ〉が理解できない工務店は、残念ながらMCの仲間にはなれません。〝注文した時に現場配送するのが商売人の仕事〟と言うなら、高い価格で仕入れて下さい。同時にそんなわがままな工務店に付き合う商売人は、必ず宅急便業者に取って代わられます。

●受注の促進

販売なくして経営なし、と昔から言われます。特に、住宅建築業は受注時にあるのは、設計図書、契約書だけ。家のかけらもありません。それで多額の契約金を預かってくるのですから、恐ろしいような商売です。どんなに素晴らしい技術、技能をもっていても、注文がなければどうにもなりません。

つまり、受注を最優先しなければ成り立たないのが工務店です。他には、原稿をもらわなければ商売にならない印刷業があるぐらいです。他業種では、お客の欲しいものは一体何かといった調査はもちろんしますが、これと決まれば生産をして販売します。生産―販売ですが、住宅建築業は販売―生産であることを、くどいようですが強調しておきます。

●見込み客とは

注文をしてくれる可能性のある客を〈見込み客〉といいます。見込み度の強弱によってAランク、Bランクなどと分類する場合が多いようです。一カ月以内に契約してくれそうならばA

ランク客、五日に一回は訪問しろなどと、大手住宅会社は指導しています。これは住宅業界だけでなく、あらゆる業界のセールスマン教育の典型です。

大手住宅メーカーでは、お客の質問を想定して、その質問に何と答えるかの教育をしています。さらに、客とセールスマンの立場になったつもりで、質問と答を実際にその場（教育訓練の場）で実演して、皆で批判し合い、最適の答え方まで研究します。これを「応酬話法の勉強」と言います。

そこまで社内で訓練されたセールスマンが、大量に町を走り回っているのが現状です。お客は、用事があれば電話をしてくる、とのんびり待っている工務店は、自分のお得意を荒らされてカンカンです。とても勝負にならないと、半ば諦めている工務店すら少なくありません。

こんなことを書くと、〈見込み客〉とは何か空中にただよっていて、その客をいかにしてつかむか、と誤解されそうです。展示場を建てたり、セールスマンを採用したりして競争に巻き込まれていきます。

大手企業と同じことをして競争しても、勝つことはまず無理と何回も書きました。だいたい展示場は、三年に一回は建て替えて、いつも時代の先端をいく状態にしておかなければ設置する意味がありません。そのためには、総合展示場に出展すれば毎月コンスタントに三棟以上受注しなければ採算がとれない、と言います。中小工務店にそんな資金力がありますか。でも個々の工務店には、「建築現場」という立派な展示場があるじゃないですか。大手住宅メーカーの展示場のように厚化粧したものでなく、基礎工事、棟が上がった、内装、水回り等、各段階でお客に見てもらえば一目瞭然です。〝この部分は、完成すれば見えなくなりますが、わが社が一番神経を使って丁寧に仕事をしている部分です。その理由は……〟と言うように利用すればよいのです。

MCならば、加盟工務店の現場を、進捗状況に応じて各段階をお客に見て頂くバスツアーの常設ができます。バスで移動中には、次の現場の見所や注意点等、住宅建築学校を開催すれば特色ある見学会になります。

どなたを案内するのか。棚板一枚でも仕事をさせて頂いたことのある「過去のお客さんと近隣にお住みの方」をお誘いするのです。そのためには〈投込みチラシ〉作戦でも戸別訪問でもして下さい。大切なことは、線香花火的にならないよう辛抱強く繰り返すことです。

〈見込み客〉とは、空中にただよっているのではなく、過去のお客であり、その方が紹介して下さる方々です。大手住宅メーカーには、古いお客の絶対数のストックが未だ少ないですから、皆さんのお得意先に殴り込みをかけざるを得ないのです。ならば、殴り込みをかける隙を与えなければよいのです。

・顧客管理とアフターサービス

新築、建て替えは別にしても、外壁の塗装、フェンスの腐食、樋の修繕等の小工事も含めれば、年間に三〇件やそこいらの工事はしていると思います。もし二〇年間商売をしていれば、延べ六〇〇人のお施主さんがおられる勘定ですね。

ところで、今年の年賀状は何通出しましたか。そのうち過去のお客さんには何通ですか。お客さんへの定期巡回はしていますか。電話があったら直ぐに行く、だからわが社はサービスが良いと信じていませんか。お客は辛抱できなくなって電話をしてくるのです。素人である客にそこまで迷惑をかけて、玄人である工務店の恥と思ったことはありますか。電話があったから飛んでいった、だからサービスが良いなんて、とんでもない話です。

お客の幸せを願う心をいかにして伝えるか、その表れがアフターサービスであり、目に見えないかも知れない無形のサービスです。

ＭＣで顧客名簿を集中管理しましょう。工務店は仕事に集中して下さい。ＭＣなら定期巡回のスケジュールを立てて、コンピューターで管理ができます。来月の巡回先についても、加盟工務店に連絡して下さい。

それでもだめなら、直轄のアフターサービスチームを編成して直営して下さい。お客の住生活の幸せを願い、お手伝いをするのがＭＣ設立の目的ですから。もし、アフターサービスチームがその家から新しく受注した場合は、直轄の仕事にしてもよいと思います。アフターサービスに回らない工務店は権利放棄をしたと見なす、と決めてもよいじゃありませんか。

実は中小工務店のそうした活動を、大手住宅メーカーは一番おそれているのです。ＭＣとその加盟店の顧客管理とは、実に泥臭い、しかし大地に足をおろした実践です。

●資金管理

資金問題は、基本的には企業自身の問題であり、経営者責任の最大のテーマの一つでもあります。

貸借対照表、損益計算書といった今までの決算書以外に、キャッシュフロー（資金の流れ）の公表が今日のテーマになっています。

勘定合って銭足らずとか、黒字倒産がなぜ起きるのか、考えてみれば不思議な話です。資金繰りが苦しい原因は、だいたい四つに分けられます。

まず赤字が出ておれば、回収するお金より支払いのお金のほうが多いのですから、当然資金繰りが苦しくなります。

二番目の原因は、設備や不動産への過剰投資です。特に営業に強い企業でよく見られる現象です。

契約時に契約金を預かります。大ていは良い住宅を造るので、お施主さんが待っていてくれる場合が多いのです。しかも、その件数が重なっているときは、一時的にかなりの金額の資金がだぶつきます。本来はお客さんのお金を預かっているに過ぎないのに、だぶついたお金で不動産や設備に投資しているケースです。固定資産は自己資金の範囲で、百歩譲ってもプラス長期借入金（一年以上かかって返済を約束して借りる金）の範囲内が鉄則です。こうした資金流用も、資金繰りを悪化させる原因です。

三つ目に多いのは、本質的に資金ショートをしている場合です。実は、本人が気が付いていないだけで、多くの工務店が現在この状態にあります。未成工事も含めて、入金速度より支払い速度のほうが早い場合です。工務店では、昔から堅い商売をしてきました。支払いはすべて現金でを長年守ってきました。不足しておれば、借金してでも現金支払いを守ってきたわけです。あそこは手形を切ったから危ない、と噂が立つ地方が現在でもあります。

一方、受注競争が厳しくて契約金は少ない、ひどい時は〝お支払いは完成後で結構です〟もあります。つまり、全額立て替えになっており、その間の資金は何とか都合をつけなければなりません。こうした事情を自覚している場合はまだよいのです。

工事高が増えるに従って資金繰りが苦しくなった、赤字は出していないはず、固定資産を買った覚えもなしの場合には、この資金ショートを疑って下さい。決算書や月次試算表が正確に作成されておれば、回収と支払いとの関係はどうなっているかの計算は簡単にできます。住宅金融公庫の最終金の支払いが遅れるから、と理由をつけて半ば諦めている人も少なくありません。

〝銀行を創る〟でニュースになったイトーヨーカ堂の売上高は、九九・二期で一兆五六三三億円です。一日当たり四二・八億円になります。スーパーですから売上げ即回収です。在庫を一五日分、支払いを六〇日とすれば、その差は四五日あります。つまり、四二・八億円の四五日分、実に一九二六億円の金利の要らない現金を、資金繰りのテクニックで産み出したことになります。これがスーパーの資金繰りです。

工務店の場合、回収と支払いの期間に一五日間のズレがあったとしましょう。年間二億円の完成工事高なら、一日五四・八万円です。一五日分の余裕なら、八二二万円資金繰りを助けてくれます。一五日分の資金ショートなら、逆に八二二万円資金繰りを圧迫します。工務店は他の業種に比べて、動く金額が大きいですから、回収と支払いのバランスには細心の注意が必要です。

こうしたことを知らずに、販促をかけて売りまくり、消えていった企業の多いこと。

そして四番目は、いわゆる使い込みです。それも優秀と将来を楽しみにしていた人物に多いのです。基本的には社内のチェック体制の甘さであり、企業側に大半の責任があります。特に、経営者の公私混同、私生活の乱れが、社員が不正を働く原因や動機になっている場合が多く、経営者は衿を正すべきでしょう。

顧問の会計事務所には、こうした資金繰り状況を把握する役割や職業人としての責任があると思います。経営者は、信頼をしてお任せしているわけですから、この信頼に応えてやって頂きたいとつくづく思います。

私が、MCの本部・支部で専門家を共同利用しよう、と呼びかける真意は、こうした業務をMCで行って、信頼性ある正確な資料を常備しておけば、必要な時につなぎ資金、事業資金の調達、保険会社とのタイアップ、公的資金の活用にも必ず役立つと信ずるからです。

緊急を要する資金の必要が出た場合、駆込み寺の役割を果たす金融機関とのタイアップだって決して不可能ではありません。信用できる工務店、木材店や関係ある企業との新しい取引先の開拓、住宅ローン需要先の開拓等のメリットが必ずあるからです。MCおよび加盟店は、生活者に直結している絶対的な強みがあります。金融ビッグバンの今日、こちらが取引金融機関を選別できる時代です。

●教育制度の整備

この業界で、若年者の不足は慢性化しています。それでも、物を創造する喜びを味わいたい、覚えたい、と飛び込んでくる男女若者が増えているのも事実です。各地で業界自らが〈養成学校〉を設立しているニュースも聞きます。どこもが技能者の養成学校です。伝統技能を修得する若者が増えるのは、大変結構なことと思います。

せっかく若者が飛び込んできているのに、この人たちを受け入れる業界の受入れ態勢の整備はどうなっているのでしょうか。〈木造建築士〉が三級建築士と軽んじられている現状は否定できません。大工の収入は、日当なのか請負なのかも漠然としています。就業規則や賃金規定も、労働基準監督署がうるさいので、と形式的に作成しているだけで実質的に機能しているのでしょうか。結婚適齢期になったときの収入を自分で計算できる規定がオープンになっていますか。休日や労働時間はどうなっていますか。

こう見てくると、若年者不足の原因の多くは、業界側の受入れ態勢の整備不足が大きいと思われます。業界として諸規定・諸規則の整備を図る必要を痛感しています。

教育訓練はどうなっていますか。見て習えの必要は認めます。でも何事もマニュアルで育った世代は、昔ながらの修行ではついていけず辞めていくのも理解できます。

MCで統一した諸規定・諸規則を整備し、加盟企業の就業条件を同じくし、能力度に応じた訓練学校を常設してレベルアップを図るのです。一社では不可能に近く、かといって訓練によるレベルアップは絶対に必要なことです。

良い物を造る技術（ハードな技術）は強いが、これを生かす技術（ソフトな技術）は弱い、というのはこうしたことです。

生活者、若者に対する住宅学校も開きましょう。住宅は雨露をしのぐハウスではない、そこに住む家族一人一人の人格を磨き、健康を増進し、団らんの場としてのホームである、そのための住宅が本来もつべき機能を勉強して頂くのです。

なぜシックハウスは生まれるのか、家族全員が健康で暮らせる家とは、阪神淡路大震災で同じ地区にありながら、全壊した家とびくともしなかった家の違いは何なのか、住宅が地球環境を破壊しているというが本当か、建築学では地域の自然の研究をしているのか、高齢化対策住宅、子供たちに何を教え、引き継がなければならないのか等々、建築業者の独りよがりでなく、生活者も納得し、本当に希望する家を相互に研究し、言いたいことも言いあえる仲に平素からなっておく努力をしましょう。

コストダウンへの絶え間ない努力は必要ですが、ただ値段さえ安ければよい人は、所詮住んでいる世界が違う人と割り切りましょう。心が通じ合える人だけにお客になってもらえばよいのではありませんか。

私どもの仕事も同じです。若い時には〝この親父さんは信用できない〟と思っていてもつい仕事欲しさに顧問契約を結んだりしました。でも妥協しての契約では早くて半年、遅くとも一年で大喧嘩で終わりました。今は、食事をともにし、風呂にも一緒に入り、徹夜で話し合いをします。そうして、お互いにこの人ならばといった信頼関係が生まれてはじめて顧問契約書を交換することにしています。会社の極秘事項をいつも知る立場にいるのですから、当然の手続きでしょう。

プレハブで建てる人はどうぞ、所詮住む世界の違う人、と割り切って在来木造住宅専門で立派な業績を挙げている社長さんがおられます。見事な見識ではありませんか。

こうした見識ある人々が集まってＭＣを創設して頂きたい、と心より熱望します。将来のためにツバをつけておこうと思っている人は排除するくらいのプライドと熱情をもつ人ばかり集まろうではありませんか。

●生活者への対策―政府施策の先取り

すべては生活者が決定する、これは止めることのできない世界の時流です。建設省でも、住宅に関しては〈生活者重視〉を明確に打ち出しました。

・住宅品質確保促進法の制定
・瑕疵保証円滑化基金スタート
・住宅性能表示制度の整備
・住宅完成保証制度発足

住宅の関係業界で大問題になった（現在も）諸制度です。でも生活者の立場になれば、きわめて当たり前のことばかりです。諸制度の制定は遅すぎた、と思うくらいです。しかも今回は、中小工務店経営に手厚い対策がとられています。

これら諸制度の登録工務店になることは、信用が増すことこそあれ、デメリットはありません。たしかに個々の中小工務店単独では、これらの制度実施により、事務の繁雑化はあるかも知れません。これこそMCで共同事業にすれば簡単に解決です。

今後も、特に都市の再開発に伴う諸事業が推進されるでしょう。地域住民と手をとって政府政策を先取りしていきましょう。

なお政府、自治体の情報公開は急速に進んでいます。インターネットを開けば、最新の情報が簡単に入手できます。

●検査態勢の確立

生活者がおそれるのは、いわゆる「手抜き工事」です。素人の悲しさで、釘を五本打たなければならない場所に、目の前で三本しか打ってなくてもわからないのです。よく、FCなどで相互検査の広告を見ますが、なれ合いになるのは困ります。

しっかりした第三者の専門家による検査が必要です。それも、基礎工事、棟上げ、完成と最低三回は必要です。万一、検査不十分によるクレームが後日発生した場合は、損害賠償に応じるくらいの権威ある機関を望みます。検査費用は誰が負担するかの問題もありますが、財団法人住宅保証機構や損害保険会社ともタイアップして、MCで権威ある専門機関を設置します。

不良住宅、欠陥住宅の絶滅には、これ以外の方法はないと思います。マスコミに登場する自称工務店や自称木材店が手抜きの手口を得々としゃべっており、工務店は手抜きをするもの、と印象づけられています。検査態勢さへしっかりしていれば、きわめて不本意な誤解も解けます。

●情報の受発信

インターネット上の展示場、地域支部ごとのホームページ作成、会員工務店の最新施工物件の掲載、インターネットによる住宅相談、こうした相談を蓄積しておけば、生活者のニーズ動向も分析できます。

別項目で、狭い地域、地元の深耕作戦こそ生き残る唯一の道と説いたのと混同されると困るのですが、インターネットで見た、と引き合いがあれば、その近くの加盟店が駆けつけて商談に結べばよいのです。これが単独でホームページを立ち上げる場合と根本的な違いです。ＭＣ活動の独壇場になります。

一九九九年末のパソコンの世帯普及率は三八・六パーセントになったと言います（経済企画庁）。ＯＡ機器抜きの商売は考えられない時代です。生活者と二四時間情報交換、受発信も可能な今日です。

●加工センターと物流センター

ここまでの準備と態勢が整備されてはじめて、加工センターと物流センターの設置と運営が具体的になってきます。

加工センターでは、共同作業場、複合部材の開発、組立て、地域加盟工務店の事務、地域のオンラインセンター、顧客管理等、地域の加盟工務店に必要な業務を行います。

物流センターでは、倉庫、配送、商品展示、情報センター、教育等、広域を対象とする業務を担当します。

実際は、地域の実情に応じて臨機応変に対応し、実績を積み重ねて最も良いと判断される方向に収れんされていくでしょう。前例のない新しい夢の実現に挑戦するのですから。

確かに難しく、今までの住宅産業システムを破壊しようとしているのかも知れません。しかし、いくら考えても間違っているとは思えません。本質論で間違っていなければ、うまくいかない場合は方法が間違っているか無理があるかであって、必ず解決の方法が見つけられます。時期が早すぎるとも思えません。天の時・地の利に恵まれています。唯一必要なのは勇気と決意、そしてやり抜く気力です。

4　マネジメントセンター推進の主役

①住宅構造材の流通業者

私がまず推したいのは、木材・鋼材など構造材を扱う流通業者です。

工務店業界は、はっきり言って勝負がついた、といってよいでしょう。生き残りか、そうでないかの振り分けが、漸次はっきりとしてきています。なりふり構わず価格だけの仕入れになっています。こうした工務店が得意先に多ければ、おそらく共倒れになります。

生活者に直結を図っても、なかなかうまくはいっていません。例えば、浴槽はメーカーや流通店では商品ですが、建築現場では単なる製品に過ぎません。左官、水道工事、ガス工事、ガラスサッシ、電気、大工等の専門工事業が施工して、はじめてお風呂場という商品に生まれ変わります。現場施工をしなければ商品にならない、これが住宅関連商品の特色です。いくら生活者と直結しても、技能者の協力は絶対に必要です。高度に工場生産化されたユニットハウスですら、現場施工が必要です。

それならば、生活者と意見を交わしながら、生活者の予算で家に対する自分の夢も実現できる自由設計施工の一部を担当する商売に徹底されたらいかがですか。

今まで見てきましたように、MCが軌道に乗れば、加盟店にならなければ損です。もういくら安く買うかの世界ではありません。MCに加盟しなければ、時代から取り残されることは確実です。

倉庫と配送が主たる業務では、何回も申し上げたように、宅急便に取って代わられることは確実でしょう。しかも、その時期は目前に迫っていると申し上げましょう。

流通業者として生き残るためには、今まで触れてきた各種の機能を果たさなければなりません。それは、流通業がもたなければならない本来の機能ばかりです。

ＭＣ業務に乗り出すために、同業者との企業合同も避けられないかも知れません。得意先である工務店のふるい分けも避けられません。他業種ではとうに終わったか、現在進行中の問題ばかりです。アメリカでは、週給制がほとんどです。日本では、明治以来の月給制です（最近は年俸制を採用する企業も増えましたが、定期昇給制を避けるためがほとんどの理由です）。

少しこじつけになりますが、アメリカは日本の四倍のスピードで走っているとも言えます。江戸時代から四〇〇〇年続いた店が一〇〇年でつぶれても、アメリカ並みです。最近は、財閥だの、系列だのにどうして縛られていたのと、不思議に感じる大企業のニュースが珍しくありません。

老舗の看板をちょっと横において、虚心坦懐にわが社の明日を見つめ直して下さい。と言っても、他社との合併が避けられない、と言っているのではありません。何をするにも適正な規模、資金力、得意とする担当分野があります。お互いの得意とする分野を持ち寄ることも必要と言っているのです。

今回の執筆のために大勢の経営者にお目にかかりました。営業部長、経営企画部長、工事部長としては適任であっても、これからの社長としては不適任とお見受けした方が少なくなかったことを率直に報告します。これ以上大きくしてはダメですよ、大きくすればつぶれますよ、とまでアドバイスした方もあります。一代で築いた人、二世三世の経営者を問いません。今日のような乱世には、狭い世界に閉じ込もらない勇気も要る、と申し上げているのです。

木材、鋼材等の構造材がなければ家は建ちません。それだけ工務店への発言力も大きいと言えましょう。建材や住宅設備機器を兼営しておられる会社は少なくありません。それに木材、鋼材を扱っている会社には、昔からの素封家が多く、社会的信用も高くて、日本独特の発言力の大きさも無視できません。

なお新建材、住宅設備機器、ガラスサッシ等の流通業者は、MC事業推進に欠かせない人たちです。役職員を問わず、幹部としての活躍を期待します。

代表者は誰であっても、実質的に推進する事務局はこれらの方々にお願いしたいし、MC活動展開が成功するかどうかのカギは、事務局の活動いかんにかかっている、と断言できます。

②工務店等の建築業グループ

何と言っても、住宅建築の主役です。これらのグループあるいは団体が、事務局を担当してMC活動を推進して欲しいとの気持ちが強いのが本音です。でも、多くのグループや団体の現

実の活動ぶりを見ていると、どうしても否定的になります。率直に言わせて頂くと、

・良い家を造る技術や研究、つまりハードの技術には強いが、その家や技術を普及する方法、研究、つまりソフトな技術に弱い。

・あまりにも独善的で、世の中がどう動いているかに無関心すぎる人が多い。性能保証制度への反感や登録店にならない理由も説得力がない。

・一匹狼的な自信が強く、他との協調性に問題が多い。もちろん、第二次大戦後の建築ブームが五〇年近く続いて、メーカーや流通業者が甘やかし過ぎたのも原因でしょうが。

・他の業種に比べて、あまりにも勉強しない。書店に行かない業種として、工務店向けの本は売れない、と出版社で位置づけられているほどである。

・所属団体への協力度にも問題が多い。もちろん本部の過去の実績にも問題点があるのでしょうが、会費の値上げ（それもわずかの）一つとっても、納得のいかない話を聞くことが多すぎる。

未だあるかも知れません。私が工務店業界とのお付き合いが長いために、つまらない話を見聞しすぎたきらいはあるでしょう。

モチはモチ屋でなくても作れるし、買える時代と前に書きました。でも作るコツや味付け

は、やはりモチ屋に一日の長があるでしょう。ぼやぼやしていると他の業種に仕事を取られてしまうことへの警句です。本当は、本物の美味しいモチをモチ屋が作るなら、何を好んで他の業種に浮気をしますか。

家を造る技術は、匠《たくみ》と称せられる大工が一番のはずです。商売の駆け引きや商品を見る目は、商売人に勝ることは難しいでしょう。もちろん、どちらも〈本物〉であることが前提です。各々の分野での〈本物〉だけが集まって、〈本物〉の家を造ろうというのです。お互いの関係は平等であり、完全にパートナーとして協力しようというのがＭＣ活動です。

地域の流通業が動かないなら、工務店自身がＭＣ事務局を設立して下さい。ただし、率直に書いたように、工務店グループには重大な問題点が内在していることは忘れないで下さい。要は、どういう事務局が最も効率的か、生活者にとって有効かで決めればよいことです。

なお、どこが事務局を担当するかを問わず、少なくとも専任役員と職員は常勤であることは絶対条件です。ＭＣがうまくいかなければ生活ができない立場の人を置くことです。初めは、どこかの会社に事務局を置いて、社員に兼任させ、軌道に乗れば専任を置くといったやり方でうまくいったためしがありません。新しく事業を立ち上げるのであり、最初は二四時間稼働するくらいの覚悟と意気込みが必要です。特に私からの注文です。

5　組織はどうするか

本来はその公共性から見て、公益法人（社団・財団等）を設立したいところです。あるいは協同組合という手もあります。たしかに税制、金融等で優遇措置はありますが、同時に設立や運営に関して、行政指導という名目で国や自治体の干渉が必ずあるでしょう。官僚の口出しをさせないことが行財政改革の大きな目的です。今回の不況で改革が一休みしているようですが、大きな流れは変わってはいません。

私は、MC活動は民間住宅を対象に考えています。別項でも触れましたように、住宅の七〇パーセントは実質的には民間資金で建てられています。特にこれからは、増改築と建て替えが住宅建築のメインになります。公共資金による大都会の再開発や公共借家の建築は、無視はできません。でも潤うのは多くのゼネコンになる、と予想されます。その意味でも、中小工務店は民間を主としなければなりません。ということは、天下りの官僚OBにお願いする仕事はあまりなかろうということです。

MC活動は、民間の総力を結集して行おうとするものです。今までのしきたりや慣習を打破する場合もあり得ます。前にも書いたように、前例やお手本がありません。わずかにアメリカの中小建築工事業団体ＮＡＨＢがある程度です。これもはっきり言わせて頂きますが、商売の経験がないお役人に、机の上で考えた意見を聞かせて頂いてもあまり参考になるとは思えません。

自由に発言し、行動に移せる意味で、私は「ＭＣは株式会社」説を採ります。ここは、毎日切った張ったの商売に明け暮れしている企業の皆様に討論をして頂いて、決めて頂くのがよいと思っています。くどいようですが、生活者最優先の視点を忘れないことが条件です。

6　タイアップする先はどこか

①中央省庁と地方自治体

なんだかんだと言いたいことを書いていますが、世界中の情報が一番早く集まっているのは中央省庁であり、地方自治体です。それに日本の官僚は優秀な人材が多いことは、これも事実です。意見は大いに聞かせて頂きましょう。

②マスコミ

全中央省庁が「ホームページ」を開設しました。法律の制定、廃止、改正、その施行規則ともいうべき政令、省令の内容まで示されています。記者会見で政府はどういう意見、見解、判断を示したかを含めてです。中央省庁が「ホームページ」で情報公開した以上、マスコミもこれに対抗するだけの情報収集力や分析力が必要です。

新聞やテレビは紙面、時間の制約で、中央省庁の動向の抜粋を伝えているに過ぎなくなっています。特に地方では、役所の本音や最新技術情報は、インターネットを通じて中央省庁のホームページにアクセスすることで入手できます。

ホームページをいかに活用するかが決め手になっています。パソコンを自分で操作できなければ、経営者も失格になるでしょう。

③住宅部品メーカー

メーカーが定価を決めて、その〇〇パーセントで仕入れ、なんて商売は近い将来になくなります。荒っぽい表現ですが、生活者が望む品質と価格で提供できないメーカーは消えていくでしょう。メーカーは、売りたい商品を造るのではなく、生活者が欲する商品を造る、というように業態が変わっていくでしょう。

決められた予算の範囲内で、良質の住宅を建築するのが工務店ならば、その予算に見合う原価で製品を造るのがメーカーの役割です。どうしても値段の折り合いがつかなければ、インターネット上で公募するのです。とんでもない国のメーカーが引き受けてくれるかも知れません。

住宅部品メーカーは、新商品開発の共同研究者であってほしいとは望みますが、ここでも両者の関係はパートナーです。買ってほしければ売れる商品を造れ、となると穏やかではありませんが、有り体に言えばそんな時代になりつつあります。

ＭＣ事務局では、四方八方にアンテナをはって、生活者の動向を把握し、同時にメーカー情報も取らなければならない大切な業務があります。商品知識をもつ専門家の出番はいくらでもあります。

④金融保険機関

金融保険機関の支援を必要とする機会は、いくらでもありましょう。反面、新しい時代感覚をもち、使命感に燃えるＭＣ加盟企業との新しい取引きも始まるでしょう。住宅ローンの取扱い、ＩＴ革命に伴うＯＡ機器投資も莫大な金額になり、今までの中小企業とはひと味違うグループが生まれます。その時には、金融保険機関も〈情報産業〉に脱皮することが求められます。

⑤各種専門家グループ

ＭＣ活動に共鳴する各種専門家グループには、是非協力をお願いしましょう。

弁護士、公認会計士、税理士、社会保険労務士、技術士、中小企業診断士等の専門知識が生かされる機会は容易に予想できます。企業だけでなく、生活者の個人相談もＭＣの信用をバックに申込みが多くなるでしょう。

⑥住民ネットワーク

環境問題、欠陥住宅、地盤問題、情報公開、ボランティア等、地域住民のネットワークがますます増えています。政治の貧困も相まって、住民活動は盛んになる一方で結構なことです。いろいろのご意見の中に、企業改善のヒントが一杯あります。

⑦地域の保健所

老齢化の進行に伴い、バリアフリー住宅や介護用住宅の需要はますます増えます。地域再開発問題とともに、保健専門家の意見を積極的に聞きましょう。特に今後の医療ネットワークとの提携は、地域ぐるみの健康づくりに必須です。光ファイバー網で家庭を結び、大病院と提携してテレビ画面で指導を受ける時代が目前にきています。ＭＣも地域の一員として、専門知識を生かしましょう。

⑧コンビニエンスストア

コンビニの公共料金振込み手数料は、サービス業として無視できない金額になっている、と聞きます。端末機の設置が終わっていることを示しています。将来は地域の情報センターの役割を担うでしょう。増改築の受付なんてすぐにでもできるはずです。

⑨その他

全国二万四〇〇〇の郵便局ネットは、魅力ある存在です。近年に公社に衣替えするとか、各業界がねらっているでしょうが、地域に密着という意味では、MCと同じです。庶民を対象とする郵便局とは、必ず接点があると思います。

各種研究機関は、それぞれの分野での専門家です。産学協同とまで大げさに言わなくとも、共同研究の材料は必ずあります。薬のアリナミンは町の発明家が開発し、武田薬品が商品化してヒットさせたのは有名な話です。

7　実現の可能性と将来構想

随分と夢を語ってきましたが、実現の可能性はあるのか、当然のご質問です。私はこう考えています。

①基本的な考え方

・受益者負担を原則とする

ＭＣは独立独歩の精神を守り、加盟企業は相互の自主性を尊重します。資金的にも他からの援助等を当てにせず、必要な資金は受益者負担でまかなう、また受益者負担で借入れを起こす、を原則とします。

●経営内容は公私ともに公開する

加盟企業には、過去三期分の決算書提出と、加盟後も決算期ごとの決算書提出を義務づけます。決算内容については、もちろん秘密は厳守しますが、その都度専門家が分析を加えて、必要なアドバイスと改善の具体的な支援を行います。

●加盟に際しては身元調査を行う

ＭＣは研究団体ではありません。直接間接は別にして商売を行います。差別という意味ではなく、将来の危険を予知できる人には加盟を遠慮して頂きます。特に、仲間同士の人間関係、生活者との信頼関係を重視しますので、予知される危険の芽は摘んでおく必要があります。

●同じ程度の工事内容、規模の企業を一グループに編成する

例えば、人手不足といっても、欲しいのは職人なのか、管理職なのか、といった具合に微妙にくい違う場合が多いです。また、極端な場合、在来木造軸組工法、ツーバイフォー工法、プレハブ工事店等の企業が一緒になって協同組合をつくって失敗した例は少なくありません。

●個々の企業の体質強化は絶対条件

ＭＣでは、加盟企業の経営近代化に必要な手段は極力とります。そのために必要なＯＡ機器も駆使します。でもそれは医者と患者の関係に似ており、治す気力を持続し努力するのは患者です。毛利元就の三本の矢のたとえは正しいのですが、一本一本の矢が自ら強くなる努力を怠れば、ワラを千本束ねてもワラ束に過ぎない、と同じ結果になります。

②経常収支の試算

年間完成工事高一・五億円の企業二〇社を一グループとします。従業員四、五名。新築が三軒程度、あとは平均三〇万円程度の増改築と営繕等の雑工事。小さくとも小粒の山椒で、設計施工の（設計事務所の協力は仰ぎますが）元請企業としましょう。

一ＭＣで、一〇グループの面倒を見ます。

工事高は、

一・五億円×二〇社×一〇＝三〇〇億円

「建築材料、鉱物・金属等の卸売業、従業員数六～二〇人」の粗利益率は、『中小企業の経営指標』（平成一二年発行）では二五・二パーセントと発表されています。

供給高が完工高の三〇パーセントならば、九〇億円になります。粗利益率を二五パーセント

とすれば、
粗利益は、九〇億円×二五パーセント＝二二・五億円。

ＭＣに粗利益の二〇パーセントを投資して下さい。投資額は、二二・五億円×二〇パーセント＝四・五億円。

人件費四〇パーセントで一・八億円（年収八〇〇万円ならば、二二・五人が専従できます）。

販売費四〇パーセントで一・八億円（月に一五〇〇万円）、管理費二〇パーセントで九〇〇万円（月に七五〇万円）の配分です。

加盟企業の負担は、月に五万円ならば年間で六〇万円、二〇〇社で一・二億円です。

合計で年間五億七〇〇〇万円の範囲で運営します。言うまでもありませんが、これらは経常の運営費であって、教育訓練や特別の催しを行う等の費用は、受益者負担の原則で別途負担になります。

③臨時支出と収入

特に考えられるのは、コンピューター関連とＩＴ革命に関する投資です。オンラインで加盟企業を結ぶとなると、相当額の投資が予想されます。

壁があっても、じっと眺めていては動いてはくれません。勇敢にぶつかれば回り道をする、乗り越える、穴を掘ってくぐり抜ける等の知恵がわいてくるものです。

一ＭＣでどのくらいの投資になるかは未だ計算できませんが、基本的な心構えだけはしておいて下さい。

なお、保険取扱い手数料（火災、地震、事故等の保険）、臨時事務手数料など、事業活動が始まれば別途の収入も見込めます。

④将来構想

「数は力なり」と言います。ワラ束ではどうにもなりませんが、一社に力が付けば、当然一ＭＣの影響力も強くなります。各一ＭＣが地道な努力の積み重ねで社会的に認知されれば、次は当然全国展開です。横に手をつなげば、商品取扱い金額も大きくなり、業界での発言力も大きくなります。

都道府県に各々三ＭＣが生まれれば、全国に一四〇ＭＣ、加盟企業数は二万八〇〇〇企業、年間完工高四兆二〇〇〇億円、新築換算で一棟二五〇〇万円として、一六万八〇〇〇棟を建築するわが国最大の住宅供給グループになります。都道府県連合会、全国連合会と発展して生活者に密着し、信頼されるグループの誕生は夢ではないと信じています。ただし、どうにか形が整うのに五年、実効が挙がるのは一〇年先と予測しています。特に現在四〇代から五〇代の若手に期待すること大なるものがあります。

生活者が最も好み郷愁を感じている木造住宅の復活も夢ではありません。それにはどうしても荒療治が必要なのです。三五年間工務店の合理化、近代化を夢見て努力を絶やさなかったつもりの私の皆様への遺言とご理解下さい。

マネジメントセンター支援グループ

「良質な住宅を適正価格で」を心から望み、特に木造戸建持ち家建築の七〇パーセントを担ってきた中小工務店の経営近代化を願い、支援する専門家グループが地道な活動を続けています。ＭＣの立上げから運営まで、必要とあればいつでもお手伝いできる体制ができています。

工務店や住宅関連業の経営に精通する専門家たちです。


《住宅産業経営支援研究会》（東京都）

主として首都圏に在住する中小企業診断士二六名の研究グループです。代表幹事は工藤南海夫氏、設立は平成八年一二月。同年に建設省では、平成九年度の重点施策の一つとして、

・中小企業近代化促進法に基づき木造建築工事業の近代化計画の策定と実践
・木造住宅総合対策事業の創設
・建築基準法の性能規定化に対応し、標準化された施工性の高い新木造工法住宅の開発
・優良な住宅生産システムの認定に向けて、良質で低廉な木造住宅供給体制の整備
などを実施する、と決定しました。

このうち、工務店の経営基盤確立のために「木造住宅総合対策事業」が決まり、平成九年度以降、五カ年の計画が策定されました。以降いろいろの政策が実施されています。こうした国の動きに対応するべく、当時、社団法人中小企業診断協会東京支部に所属していた「建設業経営研究会・住宅産業部会」が研究会として独立したものです。

独立以来、毎月第一日曜日の午後一時半から五時まで（平成一二年六月より、必要によっては午前十時開会が決まっています）、一回も欠かさず研究会は続いています。診断協会に多くの研究会がありますが、ほとんどはウィークデーの夜に二時間程度の研究会、住宅研究会の熱心さは驚異をもって見られています。

机上の研究会ばかりではなく、木材店等の見学、昨年秋から今年にかけては、実際の建築現場で実習。中間および完成の現場見学会の企画、そのためのチラシの企画、近隣に手分けをし

てポスティングまで行い、現場見学会は成功裡に終わりました。

　ややもすれば空理空論に陥りがちの専門家研究会が多いのですが、全員が現場に飛び出し、真冬の寒さの中でのポスティング実施、見学会で生活者の質問に応じ、ともに考えた経験は必ず将来に生かされると確信しています。現在も次の建築現場が待っているとか、この積み重ねが本物の経営コンサルタントを養成していきます。

　このグループの有志者で平成一〇年『中小企業診断士による工務店経営Q&A』（井上書院）が刊行されました。研究会メンバーが経営課題として考えられるテーマ（Q）を三〇〇ほどあげ、それをKJ法を使って分野ごとに分けて八〇のQとし、グループ研究で回答を作成する、という方法で作られました。工務店経営者が読みやすいように、一言一句にも気をつかってつくられています。工務店経営者はもちろん、工務店の実態を知りたい関係者にお薦めします。

　平成一一年度の中小企業診断協会の正会員数は約八九〇〇名、全都道府県に支部があります。会員中には住宅関連業に勤務経験をもつ者、在職中の者、住宅に特に興味を抱いている者など多士済々です。合格率五パーセント前後の関門を突破してきた専門家がこんなにいます。

《ハウジング経営支援研究会》（名古屋市）

発足は平成一一年五月、会員数は八名と小粒ですが、毎月熱心な研究会が続いています。ISOの審査資格を四名が持ち、うち一名は建設関係の審査員です。中小企業診断協会愛知県支部長の小島一夫氏が、リーダーとして熱心に真面目に会の熟成を図っておられます。MCの全国展開を進めるときには、有力な支援グループとして期待しています。

《建設業経営研究所》（熊本市）

理事長の公認会計士吉永茂氏とのお付き合いは、面白い出会いから始まりました。私は平成一〇年の一月に『生き残る工務店・つぶれる工務店』（井上書院）というショッキングな題名の本を出しました。その中で、豊中市・谷岡工務店さんではパートタイマーの主婦一名が立派に工事台帳を作成しておられる、要は経営者が必要を感じているかどうかの問題だ、と紹介しました。一面識もなかった吉永先生から見学したいから紹介してほしいとの電話を頂きました。

そして、豊中市の谷岡工務店さんでお目にかかったのが最初でした。著書に対する意見や批判はたくさん頂きますが、見学したいといったお申し出は初めての経験でした。いかにも熊本男子らしい古武士然とした風格をもつ紳士、が私の第一印象でした。三〇数項目にわたって当日の質問項目を整理して持参されたのにも感心しました。さすがに専門家らしくポイントをついた質疑応答が、谷岡工務店の顧問税理士の小路修氏を交えて飛行機の出発時間ぎりぎりまで続き、私にとっても勉強させて頂いた有意義な一日でした。

吉永茂先生は五七歳、油の乗り切った働き盛りです。本拠熊本市では主として税理士業務（税務相談・税務申告等）を、別に東京に事務所を持ちコンサルタント業務を、全部で職員数は四〇名、堂々たるものです。

特に強調したいのは、先生は珍しく建設業に強いという特色をもっておられることです。建設業の顧問先が五〇〇社というのですから、おそらく日本では有数の会計事務所と思います。東京では、建設業の事務管理体制の改善支援、具体的にはより少ない人員で必要な業務を処理するための仕組みづくり、事務処理マニュアルの作成および要員教育とのことです。

さらに全国の会計事務所を対象に、事務合理化の手法、経営計画の活用のしかたおよび経営事項審査（経審）に対する対処のしかたを標準化して、そのノウハウを提供、ほとんどの都道府県に「建設業経営研究所」（略称ＣＭＬ）の会員がおられて、現在は一三〇会計事務所。研究所を立ち上げて約二年、会員の中には建設業の顧問先を三〇社前後新規開拓した方も数人出てきたとか。ISOコンサルティングや事務合理化診断等を行っている会員も多数出ています。また、必要に応じた原価管理、財務会計ソフトの導入支援も行っておられます。

《日経ホームビルダー誌》

平成一〇年『日経アーキテクチュア』四月六日号〝著者に聞く〟欄で私を採りあげて頂きました。その直後に同社建設局から工務店についてのレクチュアの依頼がありました。販売、宣伝の方まで出席しておられたのが印象的でした。しばらく日をあけて〝実は工務店啓蒙誌の発行を考えている〟と協力の依頼がありました。建設局長の田辺昭次氏、中心になって検討している米盛和孝氏、情熱的な若い人たち、販売、広告の責任者の皆さんと討議を重ねました。

工務店はどのような情報を欲しがっているかがポイントです。直接工務店の声を聞いて頂こう、と私が懇意にしている工務店グループと全国で数箇所懇談会を持ちました。前記の吉永公認会計士にも熊本グループを集めて頂きました。各地とも随分と言いたい放題の意見が多かった記憶があります。

平成一〇年一〇月の日経BP社役員会議で発行が決まったと記憶しています。米盛和孝氏が編集長に就任、本格的に発行準備にかかり、平成一一年六月創刊号が出ました。

同誌編集の皆さんの工務店、ホームビルダーにかける情熱は本物と見ています。取材を通じて工務店の実状を知れば知るほど合理化、近代化のための脱皮の必要性を痛感しておられます。工務店の皆さんもどしどしと注文も出して同誌を育てて下さい。

この他、ＭＣ活動の趣意に賛同し、協力を惜しまないと言って下さる有力者は少なくありません。ただ共通しているのは、工務店や関連流通業者のおんぶにだっこの体質に苦い経験をもつ人が多いことです。

「合理的物流がわが流通業の生き残れる道」

紅中のロジスティック・サポートセンター

大阪市浪速区、かつて木材輸送の主要経路だった道頓堀川のかたわらに、「紅中《べにちゅう》」（社長・中村暢秀氏）と言う珍しい社名の住宅関連商社があります。合板、住宅部材、住宅設備機器の販売、さらに自ら設計、施工、加工、コンサルティングまでこなしている建材商社です。

近畿地方を中心に、仙台以西に一四営業所、五工場を有して卸し（木材店、建材店等を対象）と直需関係（大手ゼネコン、プレハブメーカー、家電メーカー、変わったところでは新聞社から映画テレビの撮影所まで）の営業活動をしています（創業昭和二一年、会社設立昭和二六年、資本金九九五九万円、自己資本一七億円、年商三三〇億円、従業員二五〇名。同社会社案内より）。

会社案内に「私たちは、快適な人間空間の創造を通して、地球規模で社会に貢献できる企業を目指します」と高らかに唱いあげ、〝人に、地球にやさしい家づくり〟を合い言葉に励んでおられます。ふとした機会に現社長（小学校、大学が同窓）との出会いがあり、もう二五年のお付き合いをしています。

「もうかりまっか」を合い言葉に意地と根性で働き抜く、うっかりしているとだまされる、何を考えているのかわからない、こうした商人像が大阪商人としてテレビや映画の世界で描かれてきました。そうした側面があることは否定しません。

でも船場商人で代表される本当の大阪商人は、地味ではあっても必要とあれば思い切った設備投資もします。私生活も実に地味であり、筋の通らない無駄金は使いません。

〝先生の言うことはわかった。ところでそれを実行するとなんぼもうかりまんねん〟と何回言われたことか。なんぼもうかりまんねんを満足させないと顧問料を支払ってくれない関西で、私は鍛えられました。難しい話はどうでも宜しい、足を地につけて具体的に何をするのかを教えろということですね。自由業を四〇数年間貫けたのは、本物の大阪商人に鍛えて頂いたお陰です。

ご夫婦で創業、東京で集金をして、とんぼ返りで持って帰ったお金で当日の支払いを済ませた、とお聞きしたこともあります。人に言えない大変なご苦労を乗り越えて今日の紅中さんがあります。長男である現社長には、大きくなくてもよい、この世に絶対必要な企業を育てて下さることを期待しています。

紅中さんには、多くの流通業者にきっと参考になるであろう多くの事例がありますが、今回は紅中さんの物流支援センター（ＬＳＣ）を紹介します。物流問題をどう解決していくかが流通業の生死の分かれ目と、ＭＣでくどいほど申しました。誰もが気が付いておりながら、こんなものだ、しかたがない、と半ば諦め、しかしこのままで済むはずがないと恐れている問題です。

ロジスティック・サポートセンター（略してＬＳＣ）では、定時定点とまではいかなくても、ほぼそれに近い状態で配送が実行されています。

①ビルダー、工務店が絶対得をするシステム

全国の商品、営業情報などがすべて蓄積されているこのシステム構築は、九一年から九五年まで、日本オフィスシステム社が一三億円余をかけて完成させました。〃バブル経済以前に着手したから何とかなった〃は中村社長の談。（当時の年商は二五〇億円）。

このシステムは、極言すれば、ビルダーや工務店が住宅建設の工程計画と工程管理を理解し、それを紅中が物流面で支援していくものと言えます。

工務店が工程計画を作成する、その計画にそって管理ができるかが大前提です。一〇数職種の職人が現場に出入りし、入り乱れて各々の仕事を進めて住宅は完成します。事前に綿密な計画を立て、管理していかなければ当然現場は混乱します。天候にも左右されますから日程計画も狂い勝ちです。

〝工程計画なんて組んでもその通りにいくわけがない。工程計画に時間をとられるのは時間の無駄だ〟と何回聞かされたことか。だから、発注忘れや寸法違いにも通じます。〝建材屋は言われたときに指定の現場に物を運ぶのが商売、ぐづぐづ言うなら取引停止だ〟の連続が物流費（物を運ぶ費用）を増やし、住宅価格を押し上げてきました。

流通業は営業、物流管理、加工、施工をしてこそ存在の意味があります。つまり、すべて工務店との共同作業であり、うまくいくか、いかないかは、双方の損益にもろにはね返ります。

工務店の発注違い、あるいは誤った情報によって現場に運んだ場合、結局損をするのは双方であるばかりでなく、施主である生活者も入ることを忘れないで欲しいのです。

この「持ち帰った情報」を工務店に知らせることで、その会社の問題点を指摘できることになります。指摘されて腹を立てるか、原因を追及して改善に努めるかは、その会社が発展するか、衰退するかを表します。

したがって、ＭＣとまったく同じで、ＬＳＣを利用するかどうかは、お客の工務店が経営管理を望んでいるかどうかにつながります。

ＬＳＣは、その意味で利用すれば、お客である工務店の長所、欠点が明らかになり、工務店が絶対得をするシステムといえます。また、ＬＳＣを利用するしないは別にしても、時々刻々の工事原価の動きをつかむことは、今日の経営には絶対といえる必要事です。

②ＬＳＣとは

〝中小企業の情報化投資としては、よい線を行っているのではないかと自負しております。（中略）当社は今真剣に住宅を考え、快適空間の提供を追求する企業にとっては最良のパートナー企業になれると確信しております。活躍の場がどんどん広がっていくのだから、しっかりと理念をもって当社が進んでいることを信じ、行動して欲しいと社員には話しております〟。これはＬＳＣを本書で取りあげる、と連絡したときに中村社長さんから頂いたＥメールの一部です。不況が続いて暗い顔が多いなかで、このよ

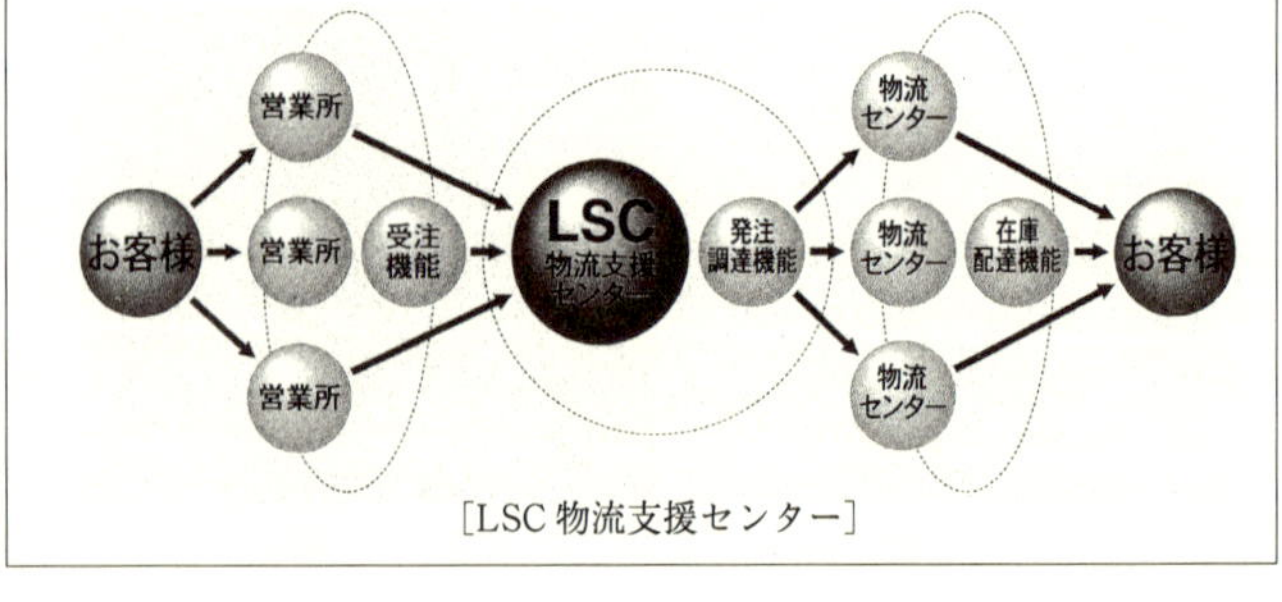

［LSC 物流支援センター］

うに確信をもって言える流通業経営者もいることを知って頂きたくあえて紹介しました。
まず、この物流システムは完全にＯＡ機器で武装されています。オンラインで全社が結ばれて、物流だけでなく、すべての情報は全社員が共有しています。その中の物流システムを紹介するのであって、物流システムだけが一人歩きをしているわけではないことを知って下さい（専業社員は東京五名・大阪六名）。

●受発注システム（営業段階）

見積書を提出してＯＫとなれば、見積書のデータが即受注伝票になり、手書きは一切ありません。他業種と異なり、家一軒で二〇〇〜三〇〇アイテム（構造材、造作材、収納材、キッチン、バス、サニタリー等の当社取扱い商品。さらにこれらのコーディネートが加わります）、単品コードなら八〇万〜九〇万アイテムになるとか、気が遠くなるようなアイテム数です。おそらく優良な集成材の活用が今後はますます増える予感がします、いわゆる在来工法も変化していく、ベテランの関東ＬＳＣ本庄宏課長のご意見でした。

追加、変更の場合には、伝票入力を二回行い、チェックして間違っておればエラーサインが出るようになっています。受注データは発注データに加工されて、自動的に発注されます。

・入出荷管理

常備在庫は、長時間の在庫を認める商品群（基礎素材等が多い）は各商品のサイズごとに、在庫量の上限と下限が決められています。常に補充をするのではなく、オペレーター自身が各種情報を総合して仕入れ、メリットがあると判断した場合は、直ちに買い（仕入れ）を起こすことができます。

引当て在庫は、ホテル感覚で三泊四日が基本になっています。倉庫は商品を保管する場所でなく、商品が泊まる場所、という発想が面白いじゃありませんか。

入荷しますと、すべて背番号が付けられ、出荷先別のラックに格納されます。ほとんどのお店では商品別に格納し、各所から集めて出荷しているのではありませんか。LSCでは、ラックごとトラックに積みますから、行き先間違いはあり得ません。それでも納期変更は避けられません。ひどい時にはラックの半分と言うこともあります。当然、荷造り、荷姿の変更が必要になります。

入出荷管理は、お得意先の工程管理と連動していなければなりません。そのために、お得意先の納材会議に必ず出席して参画します。

工程管理をしっかり行っている工務店の場合は、戸建住宅で四～五回の納入で済んでいま

受発注システム

受注から引当発注まで機械化され、
受注量の急増にも対処できます。
受注データは発注データに加工され
自動的に発注されます。

入出荷管理

入荷時に商品に背番号がつき、
出荷先別に格納保管されます。

す。当社と取引きをしている中堅建設業の場合、価格的メリットはほとんどなく、数字に表れにくい管理利益が大きいと言っているそうです。さもあらんと納得です。

なお中村社長は〝年間一〇〇棟以下の規模では、ＬＳＣと先方の工程管理を合わせるのが難しい〟とのことでした。また、〝中小工務店でいろいろと試みたがどうしても無理。中小工務店で正確な工程計画を作成し、これを管理するのは無理なんだろうか〟と悩んでおられます。

私はそうは思いません。今までは「すぐ持ってこい」が効きました。そんなことをしておれば流通店が共倒れになります。まして、戸建持ち家の七〇パーセントを建築しているのは中小工務店です。この建築現場に計画配送ができなければ、物流コストは下がりません。生活者はいつまでも高い買い物をしなければなりません。そんな馬鹿なことが許されますか。

ＭＣ事務局の担当は木材店など流通店が、と強調する理由はここにあります。長年の取引きを通じてお互いの気心を知っています。ＭＣの担当者が手伝って工程計画を作り、訪問するたびに工程の進捗状況をチェックすればよいのです。もちろんＭＣの担当者は、必要な勉強を猛烈にしなければなりません。そのうち、このシステムに乗らなければ損であることに気が付けば、工務店は黙っていても自ら実行するようになります。

ＭＣ事務局が、単独であるいは共同でＬＳＣを運営し、地域別に工務店の発注をまとめて経済ロットにして配送すれば、流通店としてのメリットが目に見えて上がってきます。この方法以外に物流費を下げることはできないでしょうし、中村社長が心配されるように、工務店ではできないとはどうしても思えません。戸建住宅の配送が、ＬＳＣで四〜五回で済んでいる実績があるのですから、ＭＣでできないはずがありません。どうしても協力しない工務店は、取引きをやめてもよいと決断が必要です。

●配送計画

出荷に当たっては、まず内容を確認します。前記の通り、各現場別にラックに格納されていますから、通常は間違いは考えられません。トラックドライバーは関東で二〇名、関西で三〇名で、専属の外注車です。臨時車両を常雇いに格上げする場合もあります。

エリア地図を独自のマス目設定で作成、配送先別に重量、予想時間等を打ち込みます。配送だけでなく、川崎港で輸入荷物をピックアップして配送センターへ在庫補充をすることもあります。この場合、配送地域の道路事情、交通に詳しいことが絶対条件になります。

前記、本庄宏課長はその専門家、関東の二つの配送センター所管エリアの事情に精通しておられます。もう一つは、ドライバーから得られる道路事情、配送先の環境などを考慮に入れながら、始点から終点まで地図上に運行計画を決めていきます。当然、数軒分の共積になります

配送計画

配送分布図の出力によって
出荷漏れを防ぎます。
また、1週間先までの配送量も
つかめます。

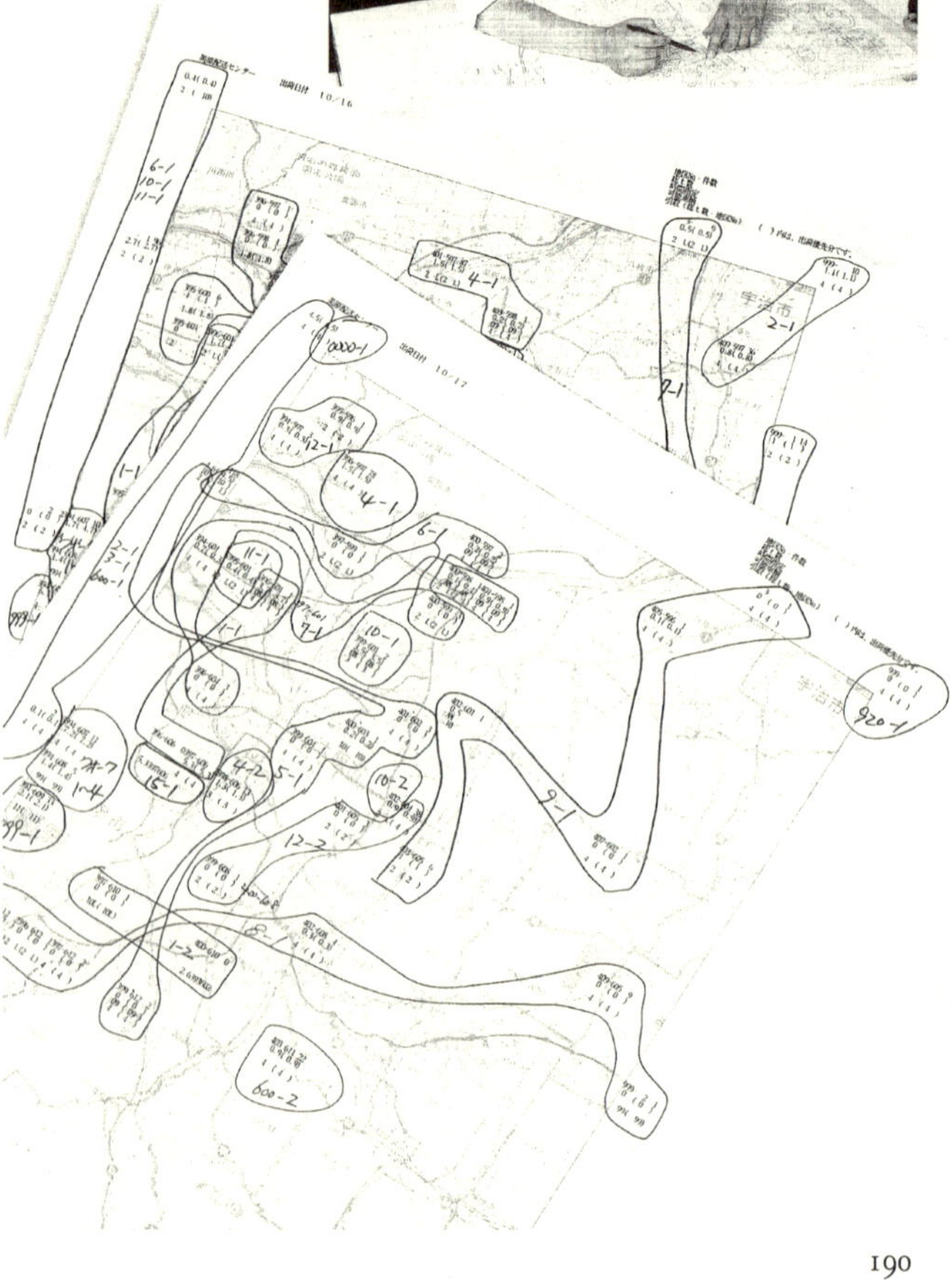

が、住宅部材の大きさで、二トンなり四トン車の許容最大の荷姿をイメージして配送計画が練られます。スピーカーを通してドライバーからの連絡がひっきりなしに入り、話し声が聞き取りにくいほどですが、事務所の全員が聞いており快い騒音でした。また、交通渋滞などで約束時間から遅れる場合には、○○分くらい遅れますが、といった連絡を入れることもできて、お得意先のイライラを静める効果があります。

このソフトを開発して軌道に乗せるまで、七〜八年を要したとの本庄課長の述懐は印象的でした。

●問合せへの応対

お得意先からの発注や配送手配の問合せにも、コンピューター画面を見ながら的確に迅速に応対ができます。

③紅中さん側の効果（順不同）

・他社に見られない差別化ができました。
・不良在庫の撲滅に大きな効果がありました。
・在庫の回転率が上がり、財務体質の改善に寄与しました。
・責任の所在がはっきりして、なすり合いが減りました。

・お客との付き合いがデータ化できました。
・お客に納得してもらえる商いが成立して、まけろまけないの口銭商売に巻き込まれなくなりつつあります。
・「管理」がお客と共存できる場になります。
・「商品管理」が「経営管理」に結びつく効果は計り知れないものがあります。
・物流問題の革新は、情報問題の革新です。

入出荷管理、適正在庫の維持、発注点の把握、社用車か外注か、配送コストの把握、どれもはずせないことばかりです。倉庫には一万円札が積んであるのです。それがいったん商品や部品に化けると、どうしてあんなに乱暴に扱うのでしょうか。なかには踏んで歩いている人もいます。

入荷したとき、出荷したとき、必ず伝票を起こす、どんなに機械化してもこの過程は外せません。インプットするときに、いかにして間違いを絶滅するかです。紅中さんでは、考えられる万全の策をとっている、と言えましょう。ＬＳＣを推進する中で、というより社内外の問題点がＬＳＣ推進と一緒にはっきりと姿を見せた、と言うべきでしょう。物流問題と情報問題が相乗効果を発揮したとも言えましょう。

住宅増改築潜在需要推計

	住民基本台帳世帯数	可住地面積(k㎡)	1 k㎡ 世帯	半径２km世帯	住宅困窮世帯(49.4％)	半径２km圏(@727.6万)(億円)
全国	41,035,777	125,252	328	4,115	2,033	147.9
北海道	2,031,612	26,753	76	954	1,931	140.5
青森	455,304	3,172	144	1,803	891	64.8
岩手	427,458	3,662	117	1,466	724	52.7
宮城	699,740	3,086	227	2,848	1,407	102.4
秋田	358,562	3,143	114	1,433	708	51.5
山形	341,638	2,857	120	1,502	742	54.0
福島	606,936	4,127	147	1,847	912	66.4
茨城	833,634	3,914	213	2,675	1,321	96.1
栃木	573,521	2,886	199	2,496	1,233	89.7
群馬	603,198	2,257	267	3,357	1,658	120.7
埼玉	2,044,234	2,539	805	10,112	4,995	363.5
千葉	1,813,903	3,450	526	6,604	3,262	237.4
東京	4,785,406	1,381	3,465	43,523	22,488	1,636.3
神奈川	2,847,812	1,436	1,983	24,908	12,305	895.3
新潟	707,779	4,563	155	1,948	962	70.0
富山	314,602	1,846	170	2,140	1,057	76.9
石川	361,157	1,387	260	3,270	1,615	117.5
福井	234,192	1,057	222	2,783	1,375	100.0
山梨	263,553	944	279	3,507	1,732	126.1
長野	657,286	3,286	200	2,512	1,241	90.3
岐阜	602,906	2,078	290	3,644	1,800	131.0
静岡	1,117,693	2,705	413	5,190	2,564	186.5
愛知	2,174,110	2,909	747	9,387	4,637	337.4
三重	546,117	1,988	275	3,450	1,704	124.0
滋賀	352,364	1,290	273	3,431	1,695	123.3
京都	902,420	1,130	799	10,030	4,955	360.5
大阪	3,091,912	1,299	2,380	29,896	14,769	1,074.6
兵庫	1,791,672	2,676	670	8,409	4,154	302.2

奈　良	413, 323	833	496	6, 232	3, 079	224. 0
和歌山	345, 446	1, 089	317	3, 984	1, 968	143. 2
鳥　取	179, 829	883	204	2, 558	1, 264	91. 9
島　根	236, 110	1, 295	182	2, 290	1, 131	82. 3
岡　山	609, 712	2, 197	278	3, 486	1, 722	125. 3
広　島	981, 096	2, 216	443	5, 561	2, 747	199. 9
山　口	536, 936	1, 704	315	3, 958	1, 955	142. 3
徳　島	259, 729	1, 004	259	3, 249	1, 605	116. 8
香　川	322, 797	982	329	4, 129	2, 040	148. 1
愛　媛	512, 771	1, 662	309	3, 875	1, 914	139. 3
高　知	291, 804	1, 161	251	3, 157	1, 560	113. 5
福　岡	1, 639, 213	2, 733	600	7, 533	3, 721	270. 8
佐　賀	251, 225	1, 355	185	2, 329	1, 151	83. 7
長　崎	503, 741	1, 640	307	3, 858	1, 906	138. 7
熊　本	578, 862	2, 666	217	2, 727	1, 347	98. 0
大　分	411, 634	1, 771	232	2, 919	1, 442	104. 9
宮　崎	392, 653	1, 828	215	2, 698	1, 333	97. 0
鹿児島	659, 880	3, 297	200	2, 514	1, 242	90. 4
沖　縄	368, 295	1, 114	331	4, 152	2, 051	149. 2

・住民基本台帳世帯：'98. 3. 31　自治省行政局

・可住地面積＝総面積－（森林面積＋原野面積＋湖沼面積）　総面積、湖沼面積：建設省国土地理院　'98. 10. 1
（総面積の　33. 1％）　森林面積、原野面積：農水省経済局　'90. 8. 1

・増改築予算（建設省「Ｈ５年住宅需要実態調査」　全国平均　727. 6 万円　（＊不満率　49. 4 ％　）
東京圏平均　:773. 1 万円（　〃　52. 4 ％　）
中京圏平均　:959. 7 万円（　〃　49. 3 ％　）
大阪圏平均　:744. 8 万円（　〃　52. 0 ％　）
その他の
地域平均　:659. 7 万円（　〃　46. 7 ％　）

＊宅地面積：総面積の 4. 0 ％　（'97. 1. 1 ）
宅地化率：9. 3 ％ ── 宅地面積÷民有地面積　（'97. 1. 1 ）＊自治省固定資産税課
（全国市町村の土地課税台帳に登録されている民有地面積のうち宅地として登録されているものの割合）

［住み心地自己診断チェックリスト］

台所のチェックリスト

経年変化・・・	良　い	普　通	悪　い
1．土台，床，壁，窓等が一部腐ったり下がったりしていませんか	していない	わからない	している
2．外部からいやな臭いが入ってきませんか	入ってこない	時々ある	始終入る
3．住設機器や給湯器は傷んでいませんか	傷んでいない	まあこんなもの	傷んでいる
4．住設機器の間に隙間はあいていませんか	あいていない	少しあいている	よくものがはまる
5．台所を狭いと感じませんか	十分な広さがある	まあこんなもの	狭くて不便
6．排水の詰まりはありませんか	ない	たまに詰まる	よく詰まる
7．ネズミやゴキブリ等はいませんか	いない	たまにはいる	よくいる
8．台所全体に汚れや暗さを感じませんか	感じない	まあこんなもの	感じる
9．風通しは良いですか	良く風が通る	普通	悪い
10．照明の具合は良いですか	明るい	まあこんなもの	手もとに灯が欲しい
便利さ・・・			
1．給湯システムはどうなっていますか	十分である	まあこんなもの	もっと良い設備が欲しい
2．冷蔵庫から物を出したとき置き場がありますか	決めた置き場がある	何とかやりくりしている	ないので不便だ
3．配膳台はありますか	十分広い	あるが不便だ	ない
4．露出収納になっていませんか	収納設備がある	何とかやりくりしている	露出収納だ
5．厨房設備の種類は十分ですか	不便は感じない	何とかやりくりしている	もっと欲しい

便利さ・・・	良　い	普　通	悪　い
6．吊り戸棚の高さは適切ですか	丁度適当な高さ	もう少し高い(低い)ほうがよい	低(高)すぎる
7．床下収納庫はありますか	ある	あるが不便だ	ない
8．よくヒューズがとんだりタコ足配線になっていませんか	コンセントが十分あるので大丈夫	何とかやりくりしている	ヒューズがとんだりタコ足配線になっている
9．台所仕事で疲れを感じますか	感じない	まあこんなもの	感じる
10．流し台の高さは適切ですか	丁度適当な高さ	もう少し高い(低い)ほうがよい	低(高)すぎる
健康管理・・・			
1．床が冷えると感じますか	暖かい	まあこんなもの	冷える
2．吸気口はありますか	ある	あるが不足	ない
3．換気扇はありますか	十分	あるが不足	ない
4．排水口から臭いはありませんか	ない	時々臭う	臭う
5．暖房はよく利きますか	よく利く	まあこんなもの	あまり利かない

〔**使い方**〕
1．良い（5点）　普通（3点）　悪い（1点）とする
2．101点以上・・・住み心地が良い（ほとんど手を入れる必要がない）
75～100点・・・住み心地が普通（若干の工夫で良くなる）
74～50点　・・・住み心地がやや悪い（多少の手入れが必要である）
49点以下　・・・住み心地が悪い（大幅に手を入れる必要がある）

台所外水まわり全般チェックリスト

共通事項・・・	良　い	普　通	悪　い
1．水漏れはありませんか	ない	わからない	ある

共通事項・・・	良　　い	普　　通	悪　　い
2．土台，柱，床，壁，天井等が傷んでいませんか	傷んでいない	わからない	傷んでいる
3．窓の開閉が楽にできますか	できる	まあまあである	できない
4．換気は十分ですか	十分である	まあまあである	不十分である
5．排水の詰まりはありませんか	ない	時々ある	よくある
6．排水口からの悪臭はありませんか	臭わない	時々臭う	臭う
7．照明の具合はどうですか	良い	まあまあである	悪い
8．仕上材料が適切でなく困っていませんか	困っていない	時々困る	困っている
9．それぞれの器具が旧式で使いにくくないですか	いいえ	まあまあである	はい
10．開口部分(窓等)の用心はよいですか	良い	気になる	悪い
浴室・・・			
1．浴室が狭いと感じませんか	感じない	まあまあである	感じる
2．扉や窓が小さいと感じませんか	感じない	まあまあである	感じる
3．壁，天井のカビや汚れに悩まされることはありませんか	ない	時たまある	ある
4．結露の水滴に悩まされることはありませんか	ない	時々ある	ある
5．脱衣室の床がよく濡れることはありませんか	ない	時々ある	ある

浴室・・・	良　　い	普　　通	悪　　い
6．窓からのぞかれる心配はありませんか	ない	気になる	ある
7．広すぎたり天井が高すぎて寒くありませんか	寒くない	普通	寒い
8．洗い場に水がたまったりしていませんか	していない	気になる	している
9．湯気が天井裏等にまわっていませんか	まわっていない	わからない	まわっている
10．照明器具は防水型になっていますか	なっている	わからない	なっていない
洗面室および洗濯室・・・			
1．狭いと感じませんか	感じない	まあまあである	感じる
2．給湯設備は十分ですか	十分	まあまあである	不十分
3．使用中に水こぼれ等で困ることはありませんか	ない	時々ある	ある
4．洗濯の排水に困っていませんか	いいえ	時々困る	はい
5．ちょっとした物の収納に困っていませんか	いいえ	時々困る	はい
6．コンセントは十分ですか	十分	まあまあである	不十分
7．洗濯機等の音や振動が気になりませんか	ならない	まあまあである	気になる
8．作業中に冷えて困ることはありませんか	いいえ	まあまあである	はい
9．密室状態で換気が悪くなることはありませんか	いいえ	まあまあである	はい
10．汚れが気になりますか	いいえ	まあまあである	はい

便所・・・	良　い	普　通	悪　い
(汲み取り式の場合)			
1．悪臭がひどいですか	いいえ	まあまあである	はい
2．便槽が老朽化していませんか	いいえ	まあまあである	はい
3．便所の位置は適切と思いますか	思う	普通である	思わない
4．不潔感はありませんか	ない	普通である	ある
5．窓や出入口に故障はありませんか	ない	時々ある	ある
6．家族間での使い勝手は良いですか	良い	普通である	悪い
7．特に暑いとか寒いとか感じますか	いいえ	まあまあである	はい
8．のぞかれる心配はありませんか	いいえ	気になる	はい
9．水道による手洗器がなくて不便をしていませんか	いいえ	時々している	はい
10．照明設備がなくて困っていませんか	いいえ	困る時もある	はい
便所・・・			
(水洗式の場合)			
1．調子は良いですか(浄化槽も含めてお答え下さい。例;詰まる，水があふれる等)			
	良い	普通	悪い
2．悪臭がこもりませんか	いいえ	時々こもる	はい
3．家族間での使い勝手は良いですか	良い	普通である	悪い
4．大小兼用便器で不自由をしていませんか	していない	時々感じる	している
5．窓や出入口に故障はありませんか	ない	時々ある	ある

便所・・・	良　　い	普　　通	悪　　い
6．用便後に洗浄のため湯が出る装置や暖房便座が欲しいのに，コンセントがなく困っていませんか	いいえ	時々感じる	はい
7．狭くて不便をしていませんか	していない	時々している	している
8．２階に便所がなくて不自由をしていませんか	いいえ	時々している	している
9．特に寒いとか暑いとか感じますか	いいえ	まあまあである	はい
10．不潔感はありませんか（仕上げを含む）	ない	普通である	ある

〔**使い方**〕

1．良い（5点）　　普通（3点）　　悪い（1点）とする
2．180点以上・・・・住み心地が良い（ほとんど手を入れる必要がない）
　179～120点　・・・住み心地が普通（少し手を入れると良くなる）
　119～80点・・・・住み心地がやや悪い（手を入れる必要がある）
　79点以下　・・・・住み心地が悪い（大幅に手を入れる必要がある）

開口部（内外とも）チェックリスト

A．外部開口部・・・	良　　い	普　　通	悪　　い
一般的事項・・・			
1．窓があるのに暗いと感じませんか	感じない	わからない	感じる
2．窓がないので暗いと感じませんか	感じない	わからない	感じる
3．風通しは良いですか	良い	普通	悪い
4．隙間はありませんか	ない	まあまあである	ある
5．結露に困りませんか	困らない	普通	困る
6．建具はスムーズに動きますか	動く	まあまあである	動かない

一般的事項・・・	良　い	普　通	悪　い
7．汚れや傷みは気になりませんか	気にならない	まあまあである	気になる
8．窓やドアの用心に不安はありませんか	ない	普通	ある
9．窓やドアのデザインに不満はありませんか	ない	普通	ある
10．音の出入が気になりませんか	気にならない	まあまあである	気になる
付帯的事項・・・			
1．断熱効果が気になりませんか	気にならない	まあまあである	気になる
2．気密性は宜しいですか（例：ホコリが入る，虫が入る等）	良い	普通	悪い
3．ひさしに対する不満はありませんか（例：ないので雨が入りやすい等）	ない	わからない	ある
4．西日は入りませんか	入らない	まあまあである	入る
5．掃除がしにくいことはありませんか	ない	普通	ある
6．網戸の調子は良いですか	良い	普通	悪い
7．面格子の有無に不安はありませんか（例：①ないので用心に不安　②あるので避難に不安）	ない	普通	ある
8．2階等の窓が低すぎて子供が落ちる心配はありませんか	ない	まあまあである	ある
9．ガラスが大きいので割れたとき怪我をする心配はありませんか	ない	まあまあである	ある
10．換気口や換気レジスターが不足していませんか	していない	わからない	している

B．内部開口部・・・	良　　い	普　　通	悪　　い
一般的事項・・・			
1．建具の位置は適切ですか	良い	まあまあである	悪い
2．建具が低すぎたり狭かったりすることはありませんか	ない	普通	ある
3．建具の建てつけは良いですか	良い	普通	悪い
4．汚れや傷みが気になりませんか	気にならない	まあまあである	気になる
5．デザインに不満はありませんか	ない	普通	ある
6．音の出入が気になりませんか	気にならない	まあまあである	気になる
7．ドアの開き勝手が悪くて邪魔になりませんか	ならない	まあまあである	なる
8．引き違いの建具が重くて動かし難いことはありませんか	ない	まあまあである	ある
9．建具を動かす音が大きすぎることはありませんか	ない	普通	ある
10．敷居につまずくことはありませんか	ない	時々ある	よくある
付帯的事項・・・			
1．建具の下枠や敷居の溝等の摩耗が気になりませんか	気にならない	まあまあである	気になる
2．敷居が下りすぎて畳の縁がすり切れるようなことはありませんか	ない	所々ある	ある

付帯的事項・・・	良　　い	普　　通	悪　　い
3．鴨居と柱の間に隙間があって気になりませんか	気にならない	気がつかない	気になる
4．建具の金物の故障はありませんか	ない	所々ある	ある
5．塗装がはげたりしていませんか	していない	所々ある	ある
6．すり上げ障子になっていないので不便を感じませんか	感じない	わからない	感じる
7．ふすま紙や障子紙は張り替え時期にきていませんか	きていない	もう少し	きている
8．間仕切りドアや目隠しがなくて困っていませんか	困っていない	時々困る	困っている
9．建具に明りとりがなく暗くて不便をしていませんか	していない	時々している	している
10．ふすまが破れやすいので戸ぶすまに替えたいと思っていませんか	思わない	時々思う	思う

〔使い方〕

1．良い（5点）　普通（3点）　悪い（1点）とする

2．180点以上・・・・少し手を入れると良くなる

179～120点　・・・手を入れる必要がある

119～80点・・・・かなり手を入れる必要がある

79点以下　・・・・大幅に手を入れるべきである

外部まわりチェックリスト

屋根・・・	良　い	普　通	悪　い
A．瓦葺き			
1．瓦の割れや傷はありませんか	ない	わからない	ある
2．瓦はずれていませんか	ずれていない	わからない	ずれている
3．野地板の傷みから部分的に凹みができていませんか	いない	わからない	いる
4．瓦に苔や汚れが付着していませんか	いない	わからない	いる
5．棟が波をうっていませんか	いない	わからない	いる
6．原因不明の雨漏りはありませんか （例1　屋根勾配がゆるいため） （例2　捨て樋が設けられていない） （例3　谷樋があるため） （例4　その他）	ない	わからない	ある
7．瓦の材質は適正ですか （例　耐寒用で葺かれていない等）	はい	わからない	いいえ
8．面戸漆喰のはがれはありませんか	まったくない	所々ある	ある
9．現在葺かれている瓦の形や色に不満はありませんか	ない	まあまあである	ある
10．現在葺かれている瓦の市場品がなくて困っていませんか	困っていない	しのいでいる	困っている
B．瓦棒葺き（鉄板の場合）			
1．サビはまわっていませんか	いない	所々まわっている	いる

屋根・・・	良　　い	普　　通	悪　　い
2．雨の音がうるさくありませんか	ない	まあまあである	うるさい
3．暑さ寒さを特に感じませんか	感じない	時々感じる	感じる
4．台風や強風で飛ぶ心配はありませんか	ない	まあまあである	ある
5．安っぽく見えて気になりませんか	ならない	時々なる	なる
C．石綿セメント屋根板葺き			
1．色あせはありませんか	ない	少々ある	ある
2．破損はありませんか（特に下屋まわりや多雪地域の屋根に注意のこと）	ない	わからない	ある
3．野地板の傷みから部分的に凹みができていませんか	いない	わからない	いる
4．化粧軒裏の屋根板の釘打ちは十分ですか	はい	わからない	いいえ
5．棟押えその他トタン部分のサビは出ていませんか	出ていない	所々出ている	出ている
ひさし・・・（軒先，樋を含める）			
1．トタンはさびたり曲がったり凹んだりしていませんか	いいえ	わからない	はい
2．鼻先が垂れていませんか	いいえ	多少たれている	はい
3．裏側に水がまわっていませんか	いない	少々まわっている	いる
4．樋の詰まりや傷みはありませんか	ない	少々ある	ある

ひさし・・・	良　い	普　通	悪　い
5. 樋受け金物が不足していて垂れていませんか	いいえ	わからない	はい
6. たて樋の足もとが割れたり凹んだりしていませんか	いない	少々している	いる
7. 軒樋の清掃は行き届いていますか	はい	まあまあである	いいえ
8. 軒樋と軒先のずれで雨水がこぼれていませんか	こぼれない	時々こぼれる	こぼれる
9. ベランダ等の上家の塩ビ波板等が汚れたり傷んだりしていませんか	いない	所々気になる	いる
10. 玄関のひさし等に樋がなく雨仕舞の悪さに困っていませんか	困っていない	時々困っている	困っている
外壁・・・			
1. 雨水の浸透に困っていませんか	困っていない	時々困っている	困っている
2. モルタルのひび割れはありませんか	ない	所々ある	かなりある
3. モルタルははがれそうになっていませんか	いない	わからない	いる
4. モルタル以外の仕上げ部分の傷みや腐れはありませんか	ない	所々ある	かなりある
5. 外部吹付けの寿命はきていませんか	いない	わからない	いる
6. 水切りカラートタン等はさびたり傷んだりしていませんか	いない	わからない	いる

外壁・・・	良　い	普　通	悪　い
7．タイルのはがれはありませんか	まったくない	所々ある	かなりある
8．腰部分は割れていませんか（基礎部分を含める）	いない	少し割れている	かなり割れている
9．床下換気金物が傷んでいませんか	いない	少々傷んでいる	かなり傷んでいる
10．断熱材は不足していませんか	していない	まあまあである	している
床下・・・			
1．シロアリはいませんか	いない	わからない	いる
2．ネズミはいませんか	いない	時々いる	いる
3．湿気はありませんか（配管の漏水を含む）	ない	少々ある	ある
4．床下の腐りはありませんか	ない	わからない	ある
5．床が下がっていませんか	下がっていない	少々下がっている	かなり下がっている
6．盛り土は十分ですか	はい	まあまあである	いいえ
7．通風は十分ですか	はい	まあまあである	いいえ
8．改め口は十分ですか	はい	まあまあである	いいえ
9．断熱材は不足していませんか	していない	まあまあである	している
10．床鳴りはしませんか	しない	時々している	している
陸屋根の防水および屋根裏・・			
1．雨漏りや水漏れはありませんか	ない	わからない	ある
2．アスファルト防水が夏場に沸いたりしませんか	しない	多少する	する
3．床の仕上げが割れたり傷んだりしていませんか	していない	所々している	かなりしている

陸屋根の防水および屋根裏・・	良　　い	普　　通	悪　　い
4．パラペット（笠木等含む）の割れや傷みはありませんか	ない	少々ある	かなりある
5．ドレン回りの詰まりや傷みはありませんか	ない	少々ある	かなりある
6．屋上マンホール回りやペントハウス回りの傷みはありませんか	ない	少々ある	かなりある
7．手すり等のサビや傷みはありませんか	ない	少々ある	かなりある
8．天井換気口不足による不都合はありませんか（結露等）	ない	わからない	ある
9．断熱材は不足していませんか	していない	まあまあである	している
10．手すりが低すぎたりで危険を感じませんか	いいえ	まあまあである	はい

〔使い方〕

1．良い（5点）　普通（3点）　悪い（1点）とする

2．10問の場合　5問の場合

40点以上：　20点以上：ほとんど手を入れる必要がない

30～39点：　15～19点：若干の工夫で良くなる

20～29点：　10～14点：多少の手入れが必要である

29点以下：　9点以下：大幅に手を入れる必要がある

1級建築士前田重一氏，大阪の工務店15社，植村尚の合作。

エピローグ

昨年執筆を計画したのですが、健康を害して断念。入退院を繰り返して、とうとう一年を棒に振ってしまいました。ようやく健康を回復、執筆を再計画しましたが、昨年取材した内容はほとんど使えませんでした。この一年間の世の移り変わりの速さと大きさに驚くばかりです。

私も決して若くはありません。住宅産業界への思いを歯に衣着せず書きました。不愉快に受け取られるなら、年寄りに免じて勘弁して下さい。

(株)紅中・中村暢秀社長、ヨハネ建設(株)・藤本傳社長、(株)谷岡工務店・谷岡脩平社長、公認会計士・吉永茂先生、文化シャッター(株)・長谷部勲部長、(株)INAX・小島規和課長、そしてご多忙の中に快く取材に応じて下さった皆様のご好意のお陰で脱稿することができました。厚くお礼申し上げます。この小書が、住宅産業界の発展に少しでもお役に立つことができるなら、望外の喜びであります。

亡霊が帰ってきたとお叱りを受けるかと思いますが、もう一言書かせて下さい。私は戦中派です。でも体が弱かったために、何のお役にも立っていません。この負い目は生涯をかけて私自身が墓場まで持って行かなければなりません。少年飛行兵、満蒙開拓義勇軍、特攻隊、勤労動員の工場被爆と多くの犠牲者が出ています。みんないい奴ばかりでした。彼らが元気で生きているならば、きっと書いたに違いない、と彼らの代わりにこの原稿を書きました。
諸兄のご冥福を祈ります。

あとがき

今回の執筆は、まったく多くの皆様に助けて頂いて完成することができました。

執筆に油が乗りかかっていた際に、家内が出先で右大腿骨頸部を骨折、入院し手術を受けました。夫婦二人の生活ですので、もろに家事がかぶさってきました。午前は家事雑用、午後は病院、時間のある時と夜に執筆を続けて、井上書院様にも大した迷惑をかけずに何とか脱稿にこぎつけました。体調の維持その他に気を配って下さった家内の友人の皆様、あまりに多くて記名を失礼させて頂きますが、ありがとうございました。社会福祉士の武山久恵先生、親身になって相談にのって頂き、ありがとうございました。たびたび玄米ご飯とおかずを運んでくれた家内の弟妹敬子さん、順子さん、博久・喜代子さん夫妻にも感謝いたします。それに万全の体調をとご指導賜わった東洋医学の室賀昭三先生、心療医学の神田良樹先生にもお礼を申し上げなければなりません。

なお最後になりましたが、今回も格別お世話になりました井上書院社長・関谷勉氏に改めて感謝し、お礼を申し上げます。

脱稿できた本日、妻満利子の退院日が決まりましたことは、私に取りましては感無量であります。

二〇〇〇年四月二二日

自宅書斎にて　　植村　尚

●参考文献

『環境白書』平成一一年版、環境庁編、ぎょうせい
『データパル』最新情報・用語事典、小学館
『日経大予測』二〇〇〇年版、日本経済新聞社編
『99民力』朝日新聞社編
『長谷川慶太郎の二一世紀を読む』長谷川慶太郎、東洋経済新報社
『二〇〇〇年日本はこうなる』三和総合研究所、講談社
『ITパワー』中谷巌・竹中平蔵、PHP研究所
『ネットビジネス革命』佐藤尚規、日本実業出版社
『住宅・不動産用語辞典』住宅・不動産用語辞典編集委員会編、井上書院
『建築現場実用語辞典』建築慣用語研究会編、井上書院
「HOUSING TODAY」（社）全国中小建築工事業団体連合会
『生き残る工務店・つぶれる工務店』植村尚、井上書院
『中小企業診断士による工務店経営Q&A』住宅産業経営支援研究会編、井上書院
『商人』永六輔、岩波書店
『日経会社情報2000—I新春号』日本経済新聞社
『有価証券報告書総覧』大蔵省印刷局
『中小企業の経営指標』中小企業庁編、（社）中小企業診断協会、同友館
『中小企業の原価指標』中小企業庁編、（社）中小企業診断協会、同友館

『住宅生産必携'98』住宅生産必携編集委員会編、(財)ベターリビング
「住宅保証だより特別号」(財)住宅保証機構編集・発行

植村　尚（うえむらひさし）
一九二五年、京都市に生まれる。
一九四九年、同志社大学法学部卒業。
中小企業診断士。
一九五八年より経営顧問業、一九六七年より工務店問題および住問題に専念。
建設省、通産省、運輸省等の各調査委員歴任。
中小企業大学校講師。
著書『住宅はこうすれば売れる』『伸びる企業溺れる企業』（日本実業出版社）、『工務店業務の実際』（工業調査会）、『生き残る工務店・つぶれる工務店』『中小企業診断士による工務店経営Q&A』（井上書院）
〔連絡先〕〒一八四―〇〇一二
東京都小金井市中町四―一四―九
TEL　〇四二―三八五―五四三二
FAX　〇四二―三八五―五四三五
E-mail h6uemura@oak.ocn.ne.jp

生き残りを賭けた工務店の物流革命
二〇〇〇年　六月三〇日　第一版第一刷発行
著　者　植村　尚©
発行者　関谷　勉
発行所　株式会社井上書院
東京都千代田区平河町一―八―一三　和田ビル
電話〇三-三二六一-六二二七　振替〇〇一一〇-二-一〇〇五三五
http://www.inoueshoin.co.jp
印刷所　藤本綜合印刷株式会社
製本所　誠製本株式会社
装幀　帰山則之

ISBN4-7530-2561-6　C3052　Printed in Japan